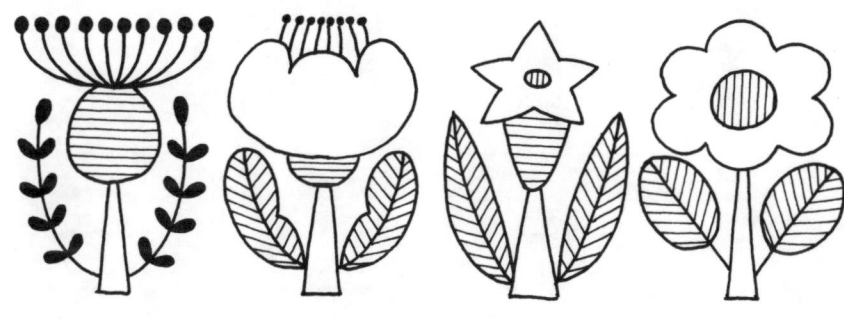

자수와 손가방

히구치 유미코 지음
황선영 옮김 | 문수연 감수

들어가며

딱 하는 소리를 내며 열리고 닫히는 재미와 통통한 생김새에 반해
항상 두근두근 즐거운 마음으로 만드는 프레임 백과 파우치.

이 책에는 다양한 모양과 크기로,
일상에서 유용하게 쓸 수 있는 9종의 프레임을 활용한 백과 파우치를 소개합니다.
평소 좋아하는 동식물을 모티프로 한 소박하고 따뜻한 도안을 준비했습니다.
스티치부터 완성 방법, 술 장식 만드는 요령까지 자세하게 소개하였으므로
각자 원하는 모티프를 조합해 다양하게 즐길 수 있습니다.

백과 파우치는 자수를 표현하기에 더할 나위 없이 훌륭한 아이템입니다.
우선은 원 포인트로 완성한 작은 프레임 파우치를
깜찍한 목걸이나 브로치로 만드는 것부터 시작해보세요.

개인적으로 저는 천천히 시간을 들여 백 전면을 자수로 채우는 것을 좋아합니다.
수고를 아끼지 않고 한 땀 한 땀 정성을 담아 완성한 무늬는 그만큼의 기쁨으로 되돌아옵니다.
그뿐 아니라 손에 닿는 감촉과 들었을 때의 기분을 특별하게 만들어주지요.

이렇게 완성한 작품은 세상 어디에 내놓아도 손색없는
나만의 사랑스러운 보물이 됩니다.
여러분도 이제 시작해보세요!

설레는 마음으로 차분히 수를 놓는 것이
얼마나 풍요롭고 행복한 시간인지 공감하시리라 믿습니다.

Contents

Vase and flower	6 / 62	
꽃병과 꽃		
Frame bag No.1	8 / 78	
Frame bag No.4	9 / 82	
Butterfly	12 / 61	
나비		
Frame bag No.6	10 / 85	
Frame bag No.2	11 / 80	
Bird's feather	13 / 64	
새의 깃털		
Frame bag No.7	14 / 86	
Frame bag No.1	15 / 78	
Botanical flower	16 / 65	
보태니컬 플라워		
Frame bag No.9	17 / 88	
Flower scales	18 / 66	
꽃 비늘무늬		
Frame bag No.9	19 / 88	
Flower bed	20 / 67	
화단		
Frame bag No.4	21 / 82	
Butterfly and flower pattern	22 / 61	
나비와 꽃 패턴		
Frame bag No.7	23 / 86	
Happy holiday	24 / 68	
해피 홀리데이		
Frame bag No.8	25 / 86	
Lemon	26 / 69	
레몬		
Frame bag No.6	26 / 85	
Beets	27 / 69	
비트		
Frame bag No.6	27 / 85	
Cat	28 / 69	
고양이		
Frame bag No.3	29 / 81	

Boys and girls   30 / 70
소년 소녀
Frame bag No.3   31 / 81

Spring steppe   32 / 71
봄의 초원
Frame bag No.8   33 / 86
Frame bag No.2   33 / 80

Flamingo   34 / 71
플라밍고
Frame bag No.6   35 / 85
Frame bag No.1   35 / 78

Violet and dandelion   36 / 72
제비꽃과 민들레
Frame bag No.5   37 / 83

Bird   38 / 73
새
Frame bag No.5   39 / 83

Camellia   40 / 74
동백나무
Frame bag No.8   41 / 86

Satin flower   42 / 75
새틴 플라워
Frame bag No.5   43 / 83

Water flower   44 / 76
물꽃
Frame bag No.7   45 / 86

Flower bud   46 / 77
꽃봉오리
Frame bag No.4   47 / 82

How to make 48

도구 49
재료 50
프레임 51
스티치와 자수의 기본 52
프레임 백 만들기의 기본 56

Vase and flower
Page.62

장미, 마거리트, 라벤더, 수선화, 엉겅퀴, 크라스페디아, 은방울꽃……. 한 송이씩 꽂은 꽃병을 나란히 수놓은 도안이다.

꽃병과 꽃
Frame bag No.1 / No.4
Page.78, 82

꽃 모티프는 깜찍한 사이즈의 프레임 파우치 목걸이로, 립크림이나 액세서리를 담는 용도로 일상에서 활용해보자. 꽃병 모티프는 일렬로 나란히 수놓아 필통으로 완성했다.

나비
Frame bag No.6 / No.2
Page.85, 80

오벌 프레임 파우치에 4종의 나비를 자
유롭게 배치했다. 스퀘어형 미니 백은 초
보자에게 추천하는 심플한 디자인이다.

Butterfly
Page.61

Bird's feather
Page.64

새의 깃털
Frame bag No.7 / No.1
Page.86, 78

인디언 느낌의 깃털을 고급스러운 색감으로 수놓은 프레임 파우치. 새틴 스티치가 많아 살짝 상급자용 도안이다.

Botanical flower

Page.65

보태니컬 플라워
Frame bag No.9
Page.88

화려한 색감으로 신비로운 분위기를 자아내는 꽃이 활짝 피어 있다. 쓰임새가 많은 큼직한 프레임 백. 골드 프레임을 매치해 화사함을 더했다. 태슬은 울 실로.

Flower scales Page.66

꽃 비늘무늬
Frame bag No.9
Page.88

파우치 전체를 자수로 채운 클래식한 디자인. 시간은 좀 걸리지만 그만큼 완성도가 높고 고급스럽다. 울 실로 태슬을 만들어 단다.

Flower bed

Page.67

화단
Frame bag No.4
Page.82

그림책에서 본 듯한 재미있는 꽃들을 리듬감 있게 배치했다. 소품으로 활용할 때는 검은색 천에 수놓아 살짝 성숙한 분위기를 내보는 것도 신선하다.

Butterfly and flower pattern
Page.61

나비와 꽃 패턴
Frame bag No.7
Page.56, 86

나비와 꽃을 연이어 배치한 도안이다. 백에 바닥면이 있어 일상적으로 사용하기 편하다. 내추럴 소재의 원단에 노란색, 진녹색의 차분한 3색 조합이 북유럽 느낌을 주어 편안하다.

해피 홀리데이
Frame bag No.8
Page.86

'기쁨'을 주제로 다양한 모티프가 어우러진 도안. 하늘색 바탕의 스퀘어 프레임 백에 가죽 손잡이를 달아 모던하게 완성했다.

Lemon 레몬

Page.69
Frame bag No.6
Page.85

선명한 파란색 리넨에 노란색을
배치해 상큼한 분위기로 가득한
여름용 백.

Beets 비트

Page.69
Frame bag No.6
Page.85

라이트 그린과 보라색을 조합한 비트. 잎을 가늘게 수놓으면 귀엽게 완성된다.

Cat
Page.69

고양이
Frame bag No.3

Page.81

유머러스한 고양이 도안의 카드 케이스. 회색 털×노랑 눈은 우리 집 고양이를 떠올리며 수놓았다. 털색이나 무늬를 다양하게 응용해 좋아하는 고양이 문양을 만들어보자.

Boys and girls
Page.70

소년 소녀
Frame bag No.3
Page.81

컬러풀한 옷차림의 남녀가 서로 손을 잡고 있는 카드 케이스다. 모티프의 선명한 색이 돋보이도록 프레임과 천을 같은 계열로 통일했다.

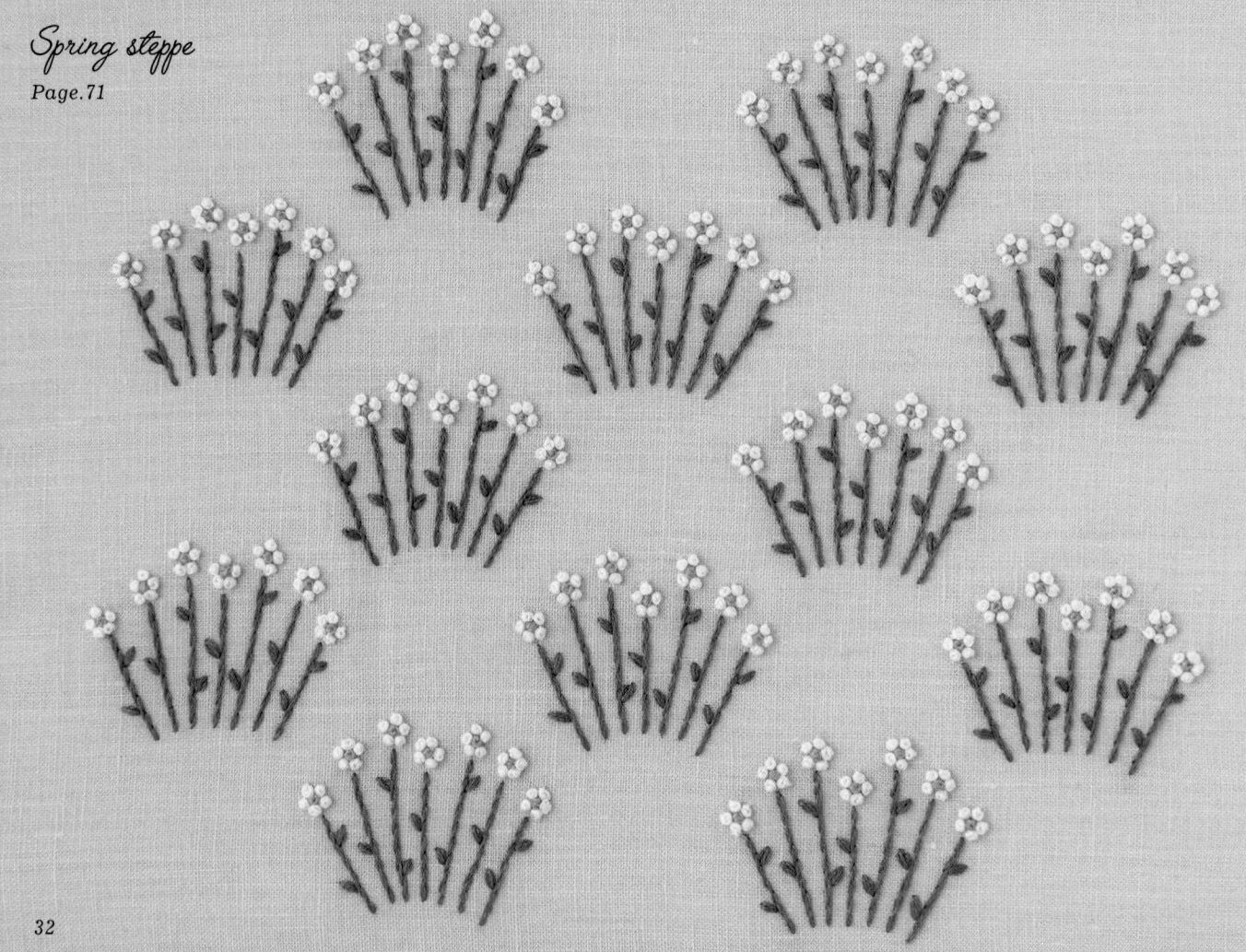

Spring steppe
Page.71

봄의 초원
Frame bag No.8 / No.2
Page.86, 80

봄꽃이 활짝 핀 초원을 수놓은 백. 같은 문양의 미니 백을 달아 사랑스러움을 더했다. 간단한 스티치로 같은 모티프를 반복하기 때문에 초보자도 쉽게 할 수 있다.

Flamingo
Page.71

플라밍고
Frame bag No.6 / No.1
Page.85, 78

비비드한 핑크의 플라밍고와 동색의 옅은 핑크를 조합해 심플하게 완성했다. 플라밍고 한 마리로만 완성한 작은 프레임 파우치도 추천한다.

Violet and dandelion
Page.72

제비꽃과 민들레
Frame bag No.5
Page.83

노란색과 보라색의 강렬한 조합이지만, 클래식한 도안 덕분에 고급스럽고 성숙한 분위기로 완성되었다. 같은 색 태슬로 악센트를 주었다.

Bird

Page.73

새
Frame bag No.5
Page.83

차분하고 수수한 색을 매치한 새 도안. 작고 둥근 파우치 안에 꽃과 나뭇잎, 조용히 쉬고 있는 새의 평화로운 풍경이 담겨 있다.

동백나무
Frame bag No.8
Page.86

큰 꽃봉오리를 체인 스티치로 수놓은 대담한 도안. 로즈 핑크와 네이비가 조화를 이루어 클래식한 체인 포셰트를 연출했다.

Satin flower 새틴 플라워

Page.75
Frame bag No.5
Page.83

새틴 스티치로 메운 비비드한 컬러로 신비롭게 보이는 꽃 도안. 어딘지 유머러스한 꽃문양이 동그란 술 장식과 잘 어울린다.

Water flower
Page.76

물꽃
Frame bag No.7
Page.86

물속에서 유유히 흔들리는 꽃을 묘사한 귀여운 도안이다. 흰색 바탕에 파란색 실 한 가지로 여름에 어울리는 시원한 백이 되었다.

Flower bud

Page. 77

꽃봉오리
Frame bag No.4
Page.82

한껏 봉긋하게 부풀어 오른 꽃봉오리 도안. 필통과 같은 색 계열의 프레임을 매치해 바닥면 없는 클러치 백을 만들었다. 가죽끈이나 체인 등 원하는 손잡이를 맞춰보자.

How to make

도안에서 사용하는 기본적인 스티치와
예쁘게 수놓는 요령을 소개한다.
도안이나 프레임 백 만드는 법도 함께 소개한다.

*소품에서 사용하는 자수실의 묶음 수는
 지정된 곳 이외에는 각 1묶음이다.
*지정되지 않은 숫자의 단위는 cm이다

Tools 도구

1. **자수틀**
   천을 팽팽하게 당기는 틀. 크기는 도안 사이즈로 구분하는데, 지름 10cm 정도가 적당하다.

2. **트레이서**
   도안을 덧그려 천에 베낄 때 사용한다.

3. **실 자르는 가위**
   끝이 뾰족하고 날이 얇은 가위가 사용하기 편하다.

4. **재단 가위**
   날이 잘 드는 옷감 전용 가위를 준비한다.

5. **초크지**
   도안을 천에 베끼는 복사지. 검은색처럼 짙은 색 천에 베낄 때는 흰색 초크지를 사용한다.

6. **투사지**
   도안을 베끼는 얇은 종이.

7. **셀로판**
   도안을 천에 베낄 때 투사지가 찢어지지 않도록 사용한다.

8. **바늘 & 핀 쿠션**
   끝이 뾰족한 프랑스 자수용 바늘을 사용한다. 25번 자수실의 가닥수에 따라 적합한 바늘을 준비한다.

9. **실 꿰는 도구**
   바늘에 실을 꿰기 편리한 도구.

10. **송곳**
    자수를 수정할 때 사용하면 편리하다.

11. **수예용 접착제**
    프레임과 천을 붙일 때 사용한다. 끝(노즐)이 가는 것이 좋다.

12. **펜치**
    프레임 끝을 눌러 천에 고정할 때 사용한다.

Materials 재료

실은 가장 일반적인 25번 자수실을 사용했다. 선명한 색과 매끄러운 질감이 특징인 프랑스 DMC의 실이다. 다양한 모양과 사이즈의 프레임 백은 리넨으로 만들었다. 리넨은 수놓기 쉬우며 세탁이 가능하고 촉감이 좋아서 자수와 손가방 만들기에 최적이다. 또한 수축하는 특성이 있으므로 미리 세탁해서 사용한다.

실 가닥수에 따라 바늘 굵기를 정한다

실 가닥수에 따라 바늘을 바꾸면 수놓기가 훨씬 쉬워진다. 천 두께로도 달라지는데, 클로버의 바늘 기준표를 참조하자.

25번 자수실	자수바늘
6가닥	3·4호
3·4가닥	5·6호
1·2가닥	7~10호

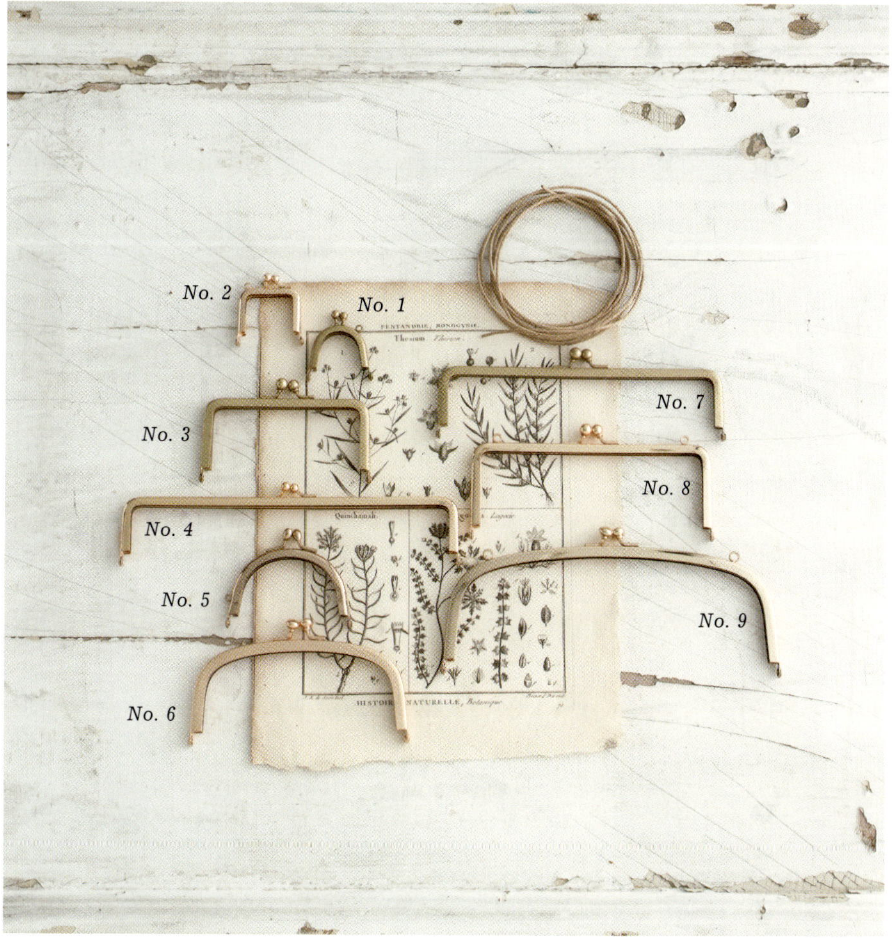

Clasp 프레임

프레임 백은 주머니 입구에 프레임을 달아서 완성한다. 프레임을 달 때는 종이끈을 홈에 끼우면서 고정한다.

Frame bag 사용 프레임 일람
*책에서 사용한 프레임 형태

No. 1　드롭 미니 백
F1／3.6cm 깊고 둥근형

No. 2　스퀘어 미니 백
F16／4cm 모서리 둥근형

No. 3　카드 케이스
F22／10.5cm 모서리 둥근형

No. 4　필통／클러치 백
F67／21cm 부채집

No. 5　라운드 파우치
F76／7.5cm 둥근형

No. 6　오벌 파우치
F204／13.2cm 빗 모양

No. 7　바닥면 있는 파우치
F25／18cm 모서리 둥근형

No. 8　스퀘어 백／포셰트
F29／15cm O링 달린 모서리 둥근형

No. 9　큰 핸드백
F73／20.4cm O링 달린 빗 모양

스티치와 자수의 기본

작품에 사용한 7가지 스티치와 예쁘게 수놓는 요령을 소개한다.

Straight stitch
스트레이트 스티치

짧은 선을 표현하는 스티치. 나뭇가지 등을 수놓을 때 사용한다.

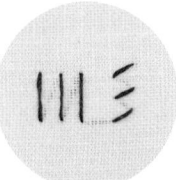

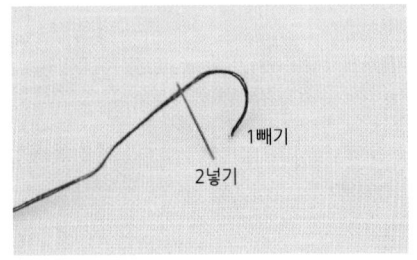

Running stitch
러닝 스티치

점선을 표현하는 스티치. 면을 메울 때는 반 땀씩 어긋나게 수놓는다.

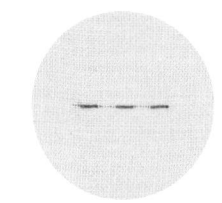

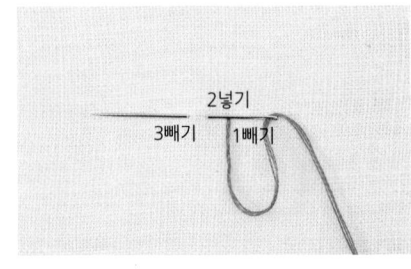

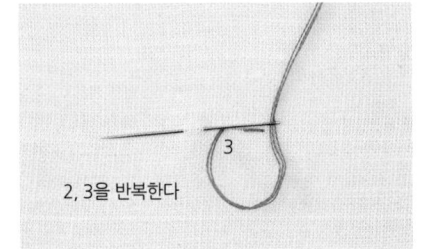

Outline stitch
아웃라인 스티치

테두리 등에 사용한다. 곡선에서는 가늘게 수놓아야 예쁘게 완성된다.

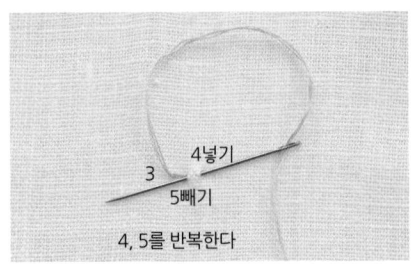

Chain stitch
체인 스티치

실을 세게 당기지 말고 사슬을 볼록하게 만드는 것이 요령이다.

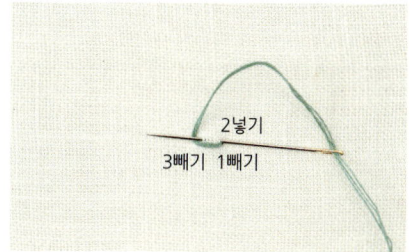

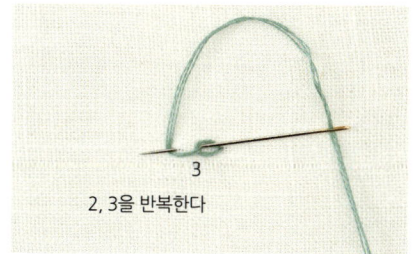

French knot stitch
프렌치 노트 스티치

기본은 2번 감기. 크기는 실 가닥수로 조정한다.

Satin stitch
새틴 스티치

실을 평행으로 건네서 면을 메우는 스티치. 볼륨감을 줄 때 사용한다.

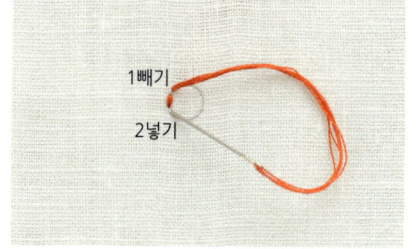

Lazy daisy stitch
레이지 데이지 스티치

작은 꽃잎처럼 조그만 무늬를 표현하는 스티치.

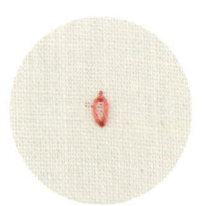

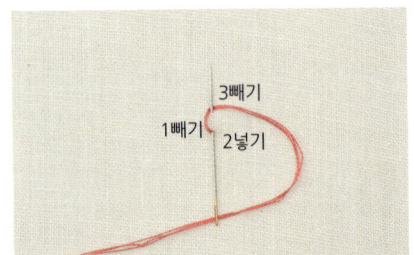

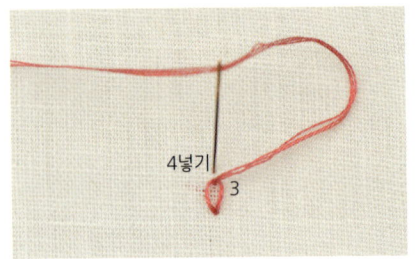

Lazy daisy stitch + Straight stitch
레이지 데이지 스티치+스트레이트 스티치

레이지 데이지의 중앙에 실을 건네서 볼륨감 있는 원을 표현한다.

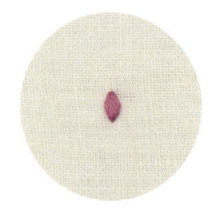

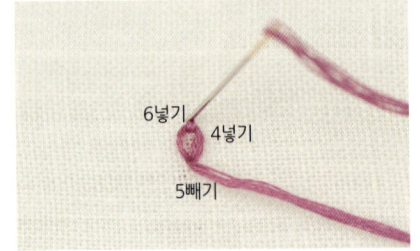

{ 모서리를 깔끔하게 수놓는 법 }

체인 스티치로 모서리를 정확하게 만들고 싶을 때는 한 변을 수놓은 다음 일단 자수를 마무리하는 것이 요령이다.

모서리까지 오면 일단 자수를 마무리한다

방향을 바꿔 다음 한 변을 수놓는다

{ 면을 예쁘게 메우는 법 }

체인 스티치나 프렌치 노트 스티치 등으로 면을 메울 경우 빈틈이 생기지 않도록 주의한다.

윤곽을 따라 바깥쪽에서 중심 쪽으로 수놓는다

{ 도안 베끼는 법 }

자수는 천에 도안을 베끼는 일부터 시작한다. 천의 올 방향을 바로 하여 도안을 배치한다.

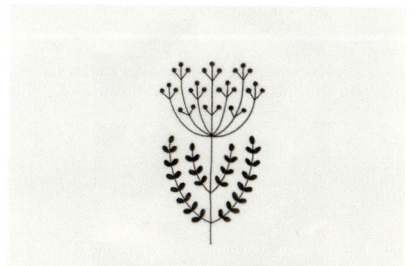

1 도안에 투사지를 올리고 베낀다.

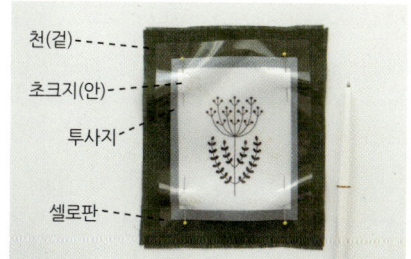

2 사진 순서대로 겹쳐 시침핀으로 고정한 다음 트레이서로 도안을 덧그린다.

{ 실 다루는 법 }

필요한 가닥수를 1가닥씩 빼서 가지런히 정돈한다. 실이 나란해야 자수도 훨씬 예쁘게 완성된다.

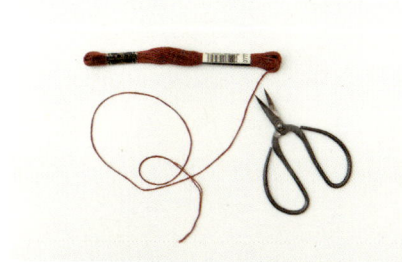

60cm 정도로 실을 빼서 자른다.

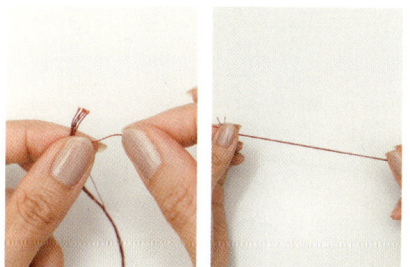

꼬인 상태에서 1가닥씩 필요한 가닥수를 빼서 가지런히 정돈한다.

{ 자수 시작과 마무리 }

자수를 시작하고 끝내는 위치는 자유롭게 정한다. 단, 소품을 만들 때는 반드시 구슬매듭을 짓는다.

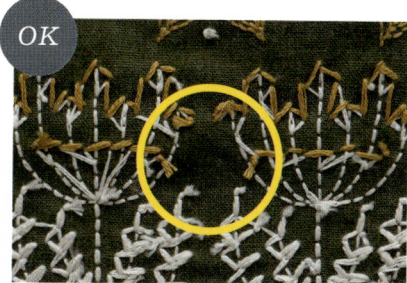

1cm 이상 바늘땀이 벌어질 때는 반드시 구슬매듭을 짓는다.

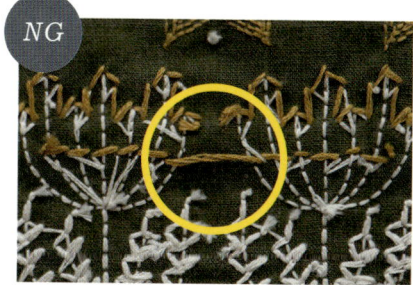

도안마다 구슬매듭을 짓는 것이 기본. 실이 걸리지 않아 깔끔하다.

프레임 백 만들기의 기본

Frame bag No. 7

바닥면 있는 파우치

나비와 꽃 패턴 _ *Page.23* /
패턴 부록 B면

[완성 사이즈]
약 20×10cm

[재료]
겉감: 리넨(진녹색) — 30×30cm
안감: 리넨(원사) — 30×30cm
DMC 25번 자수실 3866(흰색) — 3묶음,
832(노란색)
프레임(F25/18cm 모서리 둥근형/황동에 금도금) — 1개
* 만드는 과정은 P.22의 배색으로 제작

1 겉감의 겉쪽에 가방 모양과 자수 도안을 베끼고, 베낀 가방 선 위를 시침실로 성기게 홈질해 표시한다. 도안대로 수를 놓는다.

2 겉감에 살짝 물을 뿌려 초크를 지우고 다림질한 다음, 겉감과 안감을 겉끼리 맞대어 시침핀으로 고정한다.

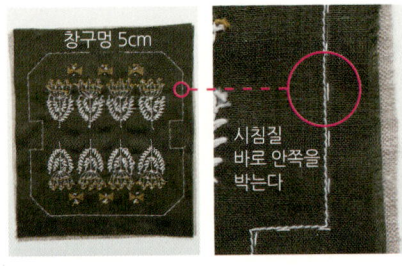

3 1의 시침실 바로 안쪽을 박는다. 이때, 창구멍을 5cm 정도 남긴다.

4 시침실을 빼고 시접을 0.5cm 남겨 본체를 재단한다. 이어서 곡선 부분과 바닥면 부분 모서리 시접에 가위집을 넣는다.

\Point/

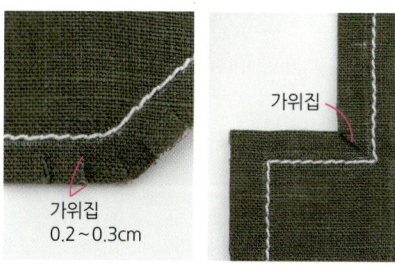

가위집
0.2~0.3cm

재봉실을 자르지 않게 주의하며 시접에 0.2~0.3cm의 가위집을 넣는다. 겉으로 뒤집었을 때 곡선과 모서리가 예쁘게 완성된다.

꿰맨다

6 본체를 겉끼리 맞닿게 반으로 접어 시침핀으로 고정하고 옆을 감침질한다. 이때 겉감과 같은 색 실로 겉감만 떠서 촘촘하게 꿰맨다.

{ 감침질 }

천 끝을 떠서 실을 감듯이 바늘을 옮기는 바느질법.

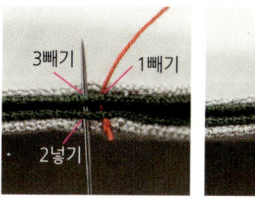 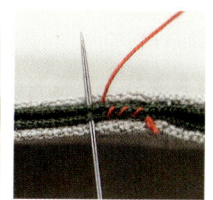

3빼기 1빼기
2넣기

* 여기서는 이해하기 쉽게 붉은색 실로 했지만 겉감과 같은 색 실을 사용한다.

0.2cm 박는다

5 창구멍을 통해 겉으로 뒤집어 다리미로 모양을 정돈한다. 본체의 창구멍이 있는 위쪽을 끝에서 0.2cm 위치에서 박는다. 반대편 위쪽도 같은 방법으로 박는다.

감침질

7 옆을 펴서 벌리고 바닥의 끝과 겹친 다음, 바닥면 부분을 감침질한다.

8 본체를 겉으로 뒤집어 모양을 정돈한다.

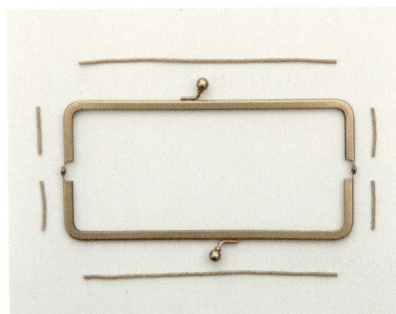

9 종이끈을 프레임 길이보다 약간 짧게 잘라서 준비한다. 모서리가 있는 타입은 한 변마다 잘라둔다.

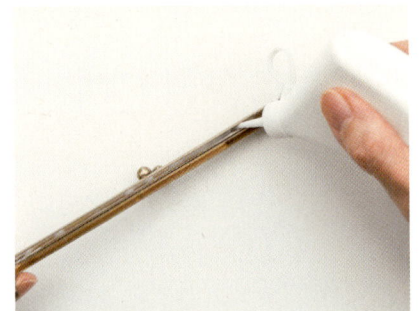

10 프레임 홈에 수예용 접착제를 바른다. 홈과 안쪽 측면에 고르게 바른다.

12 9의 종이끈을 프레임 홈에 송곳으로 밀어 넣는다. 이때, 위쪽이나 양옆의 편한 쪽부터 넣고 반대편도 같은 방법으로 한다. 송곳에 찔리지 않도록 주의.

종이끈이 굵은 경우는 일단 펴서 조금 자르고 다시 꼬아 굵기를 조절한다.

11 프레임과 본체의 주머니 입구 중심과 모서리를 맞추고, 주머니 입구를 프레임 홈 안쪽까지 송곳으로 꽉 밀어 넣는다. 모서리는 특히 꼼꼼히 밀어 넣는다.

프레임 끝의 모서리를 누른다

13 프레임 끝에 헝겊을 대고 펜치로 조인다. 4곳을 같은 방법으로 조인다. 입구를 열어두고 접착제가 마르면 완성.

Tassel
태슬

[완성 사이즈]
길이 약 5.5cm (고리 실은 제외)

[재료]
리넨 실 또는 울 실 — 적당량
두꺼운 종이 — 6×6cm

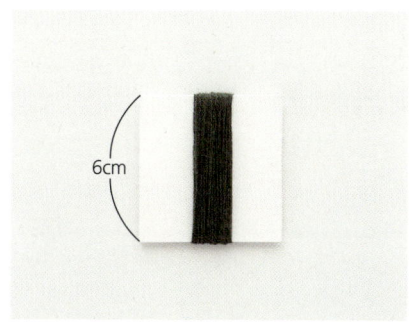

1 6cm 길이로 자른 두꺼운 종이에 실을 60회 감는다.

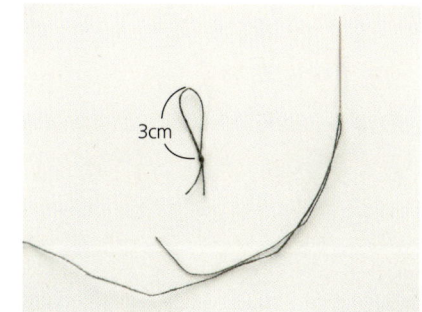

2 실을 15cm 정도 잘라 고리를 만들고 맞매듭* 한다. 다시 실 30cm를 바늘에 끼운다.

*맞매듭: 양 끝을 교차시켜 묶고 다시 한번 교차시켜 묶는 매듭법.

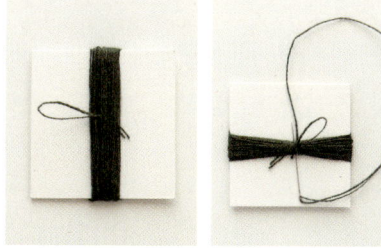

3 2의 고리 만든 실 끝을 1의 감은 실에 끼우고, 바늘에 끼운 실로 3~4회 꽉 감아 고정한다.

4 두꺼운 종이에서 실을 빼고 고리가 위로 가게 잡는다. 위에서 1cm의 위치에 바늘에 끼운 실을 다시 감아 꿰매며 고정한다.

5 아래쪽 고리를 가위로 자른 다음 종이로 다발을 말고 실 끝을 가지런히 자른다.

Pom-pon
술 장식

[완성 사이즈]
지름 약 3cm

[재료]
울 실 — 적당량
두꺼운 종이 — 6×4cm

1 두꺼운 종이를 사진 모양으로 자른다.
두꺼운 종이에 실을 100회 감는다.

2 실을 20cm 정도 잘라 두꺼운 종이의 구멍으로 실을 통과하면서 다발의 중앙을 꽉 감아 맞매듭 한다. 두꺼운 종이를 뺀다.

3 양쪽의 고리를 가위로 자른다. 손으로 실을 펴고 여러 방향에서 실 끝을 잘라 둥글게 정돈한다.

{ O링 사용법 }

목걸이나 킬트 핀(대형 옷핀)을 연결할 때 O링을 사용한다. 부품이 작아서 떨어지면 찾기 힘드니 주의하자.

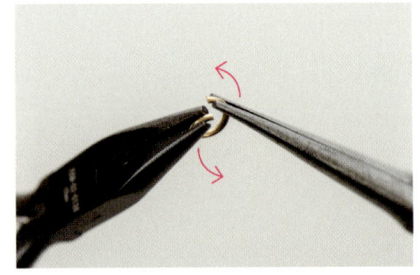

끝이 가는 펜치를 양손에 하나씩 쥐고 O링의 좌우를 집어 앞뒤로 어긋나게 벌린다. 닫을 때는 반대 방향으로 힘을 준다.

Butterfly
Page.12

※ 지정된 곳 이외에는 체인 S(2) 3866
※ 지정된 곳 이외에는 2가닥
※ S는 스티치의 약자, ( ) 안의 숫자는 실 가닥수,
  색 번호는 모두 DMC 25번 자수실

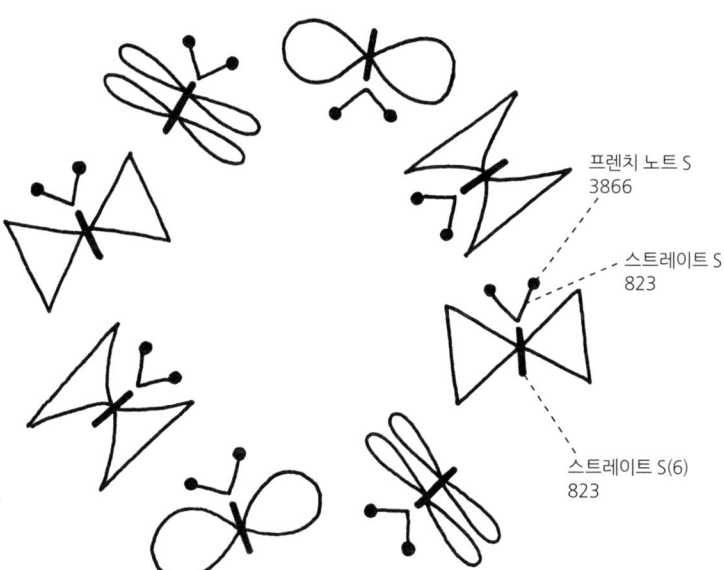

프렌치 노트 S
3866

스트레이트 S
823

스트레이트 S(6)
823

Butterfly and flower pattern
Page.22

※ 지정된 곳 이외에는 2가닥
※ S는 스티치의 약자, ( ) 안의 숫자는 실 가닥수,
  색 번호는 모두 DMC 25번 자수실

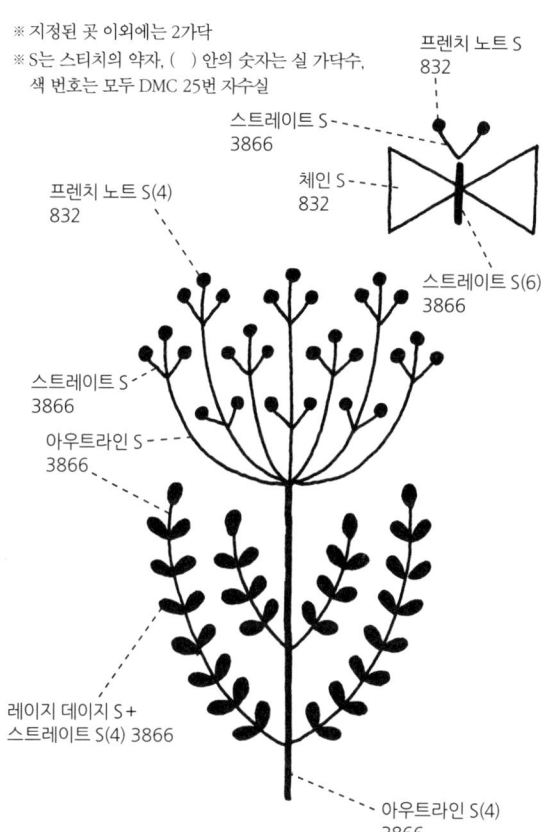

프렌치 노트 S
832

스트레이트 S
3866

체인 S
832

프렌치 노트 S(4)
832

스트레이트 S(6)
3866

스트레이트 S
3866

아우트라인 S
3866

레이지 데이지 S +
스트레이트 S(4) 3866

아우트라인 S(4)
3866

61

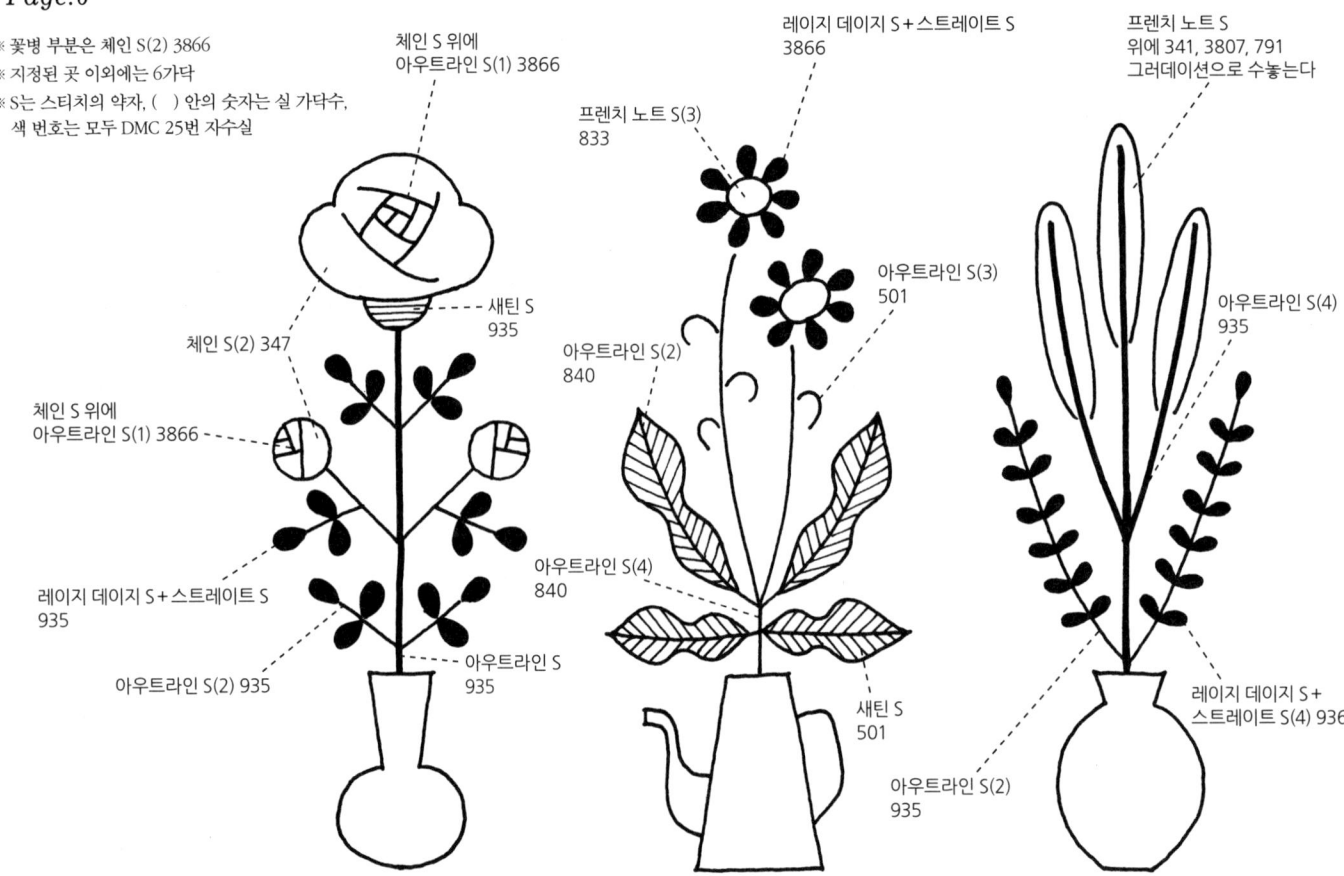

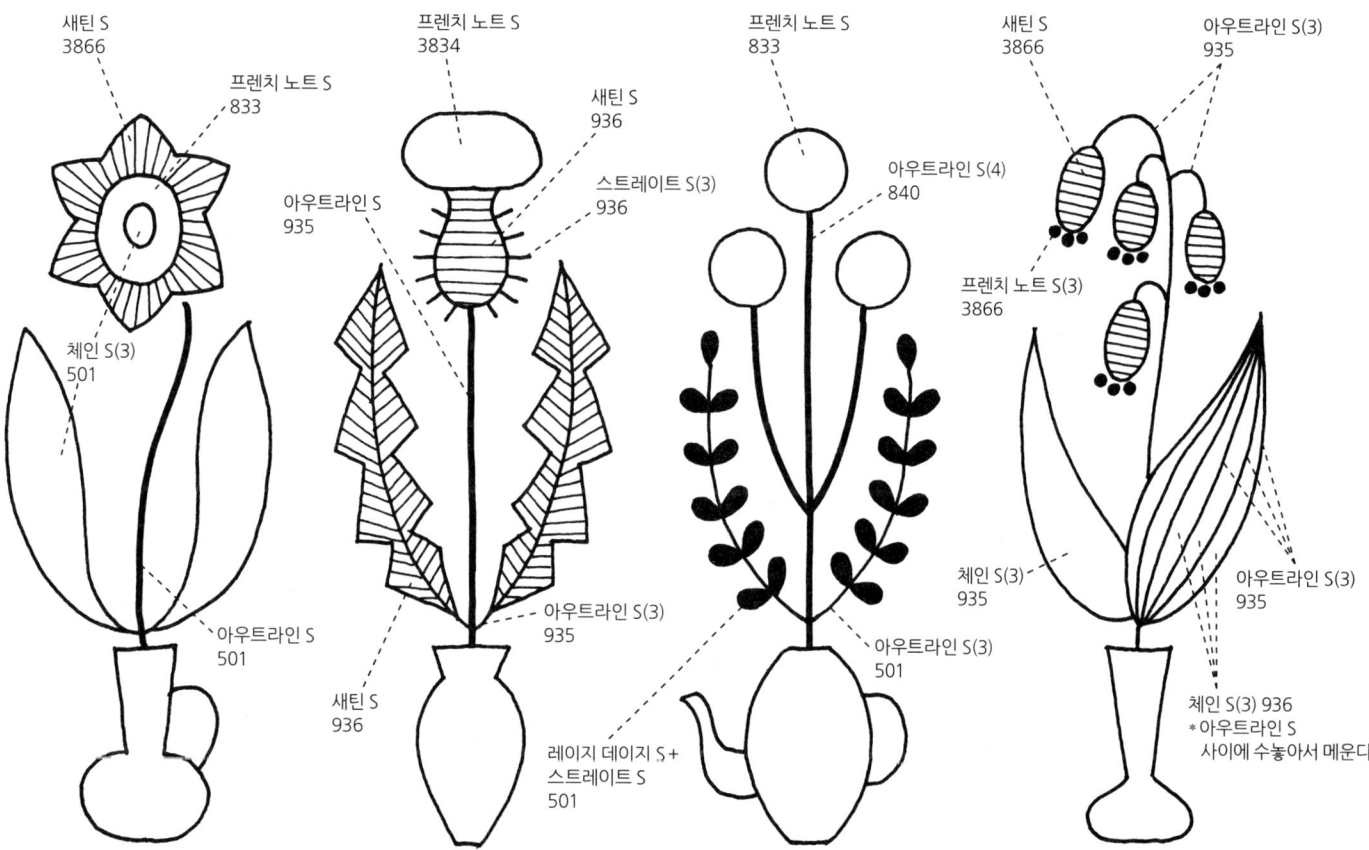

Bird's feather
Page.13

※ 깃털 축의 굵은 선은 아우트라인 S(6), 깃털의 가는 선은 아우트라인 S(2)로 수놓는다
※ 지정된 곳 이외에는 새틴 S(4)
※ S는 스티치의 약자, ( ) 안의 숫자는 실 가닥수, 색 번호는 모두 DMC 25번 자수실

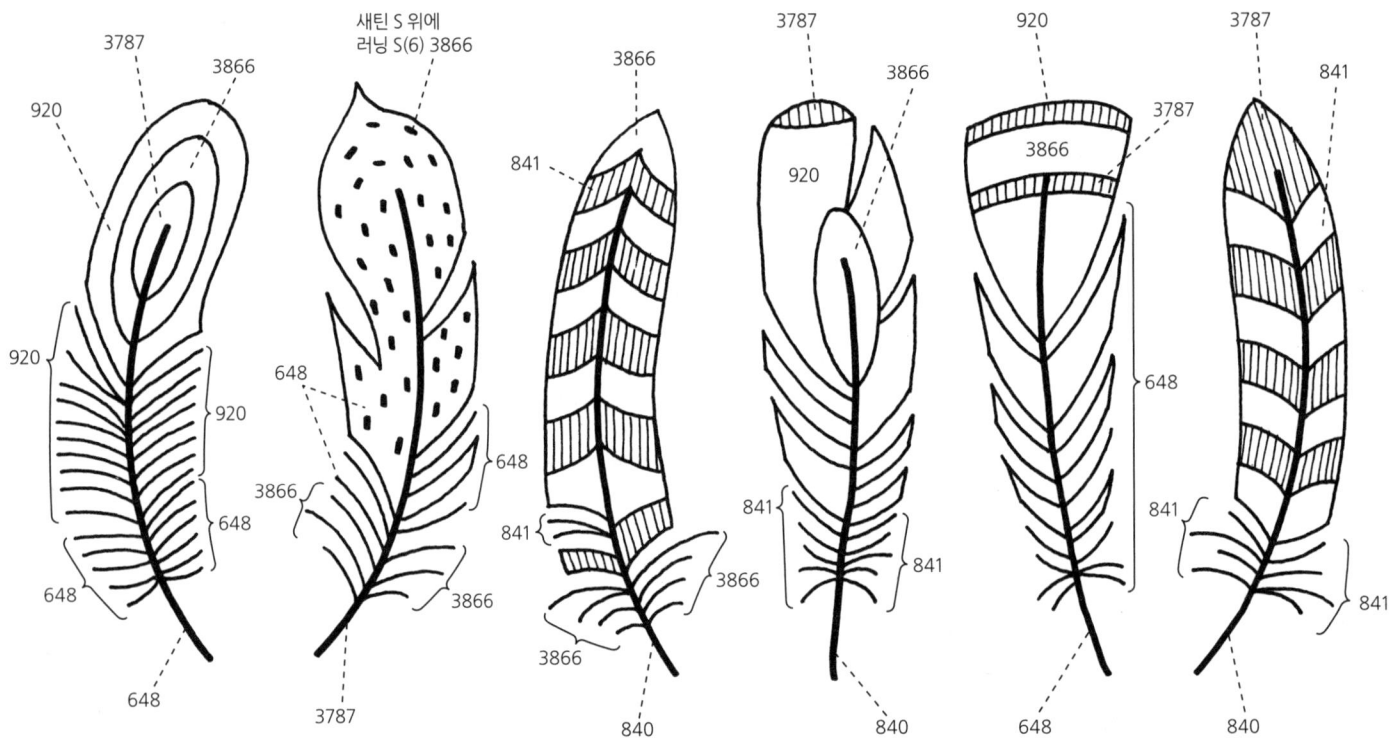

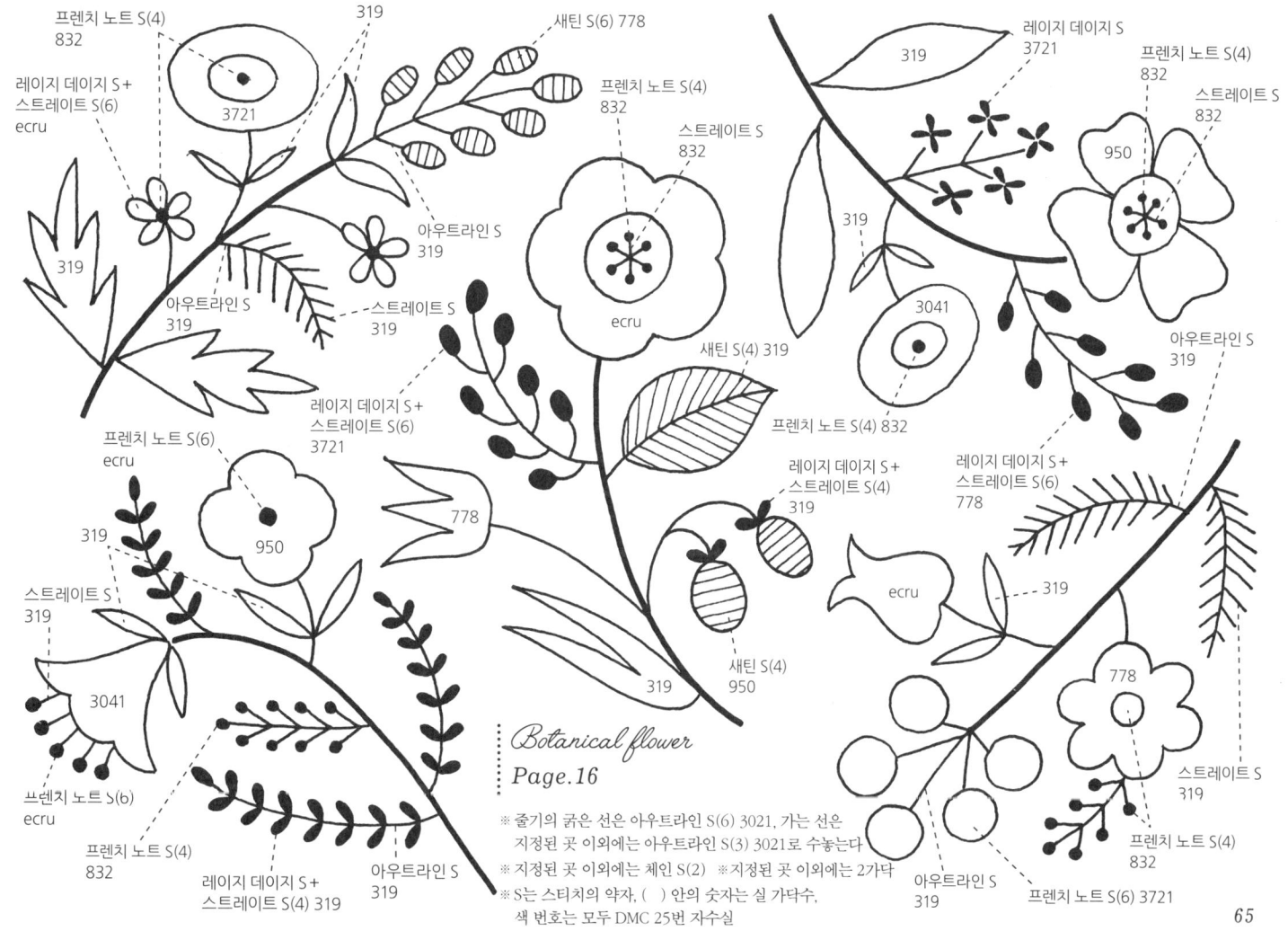

Flower scales
Page.18

◎ DMC 25번 자수실 — 3777
※ 지정된 곳 이외에는 체인 S(2)
※ S는 스티치의 약자, ( ) 안의 숫자는 실 가닥수

아우트라인 S(2)

레이지 데이지 S + 스트레이트 S(4)

프렌치 노트 S(6)

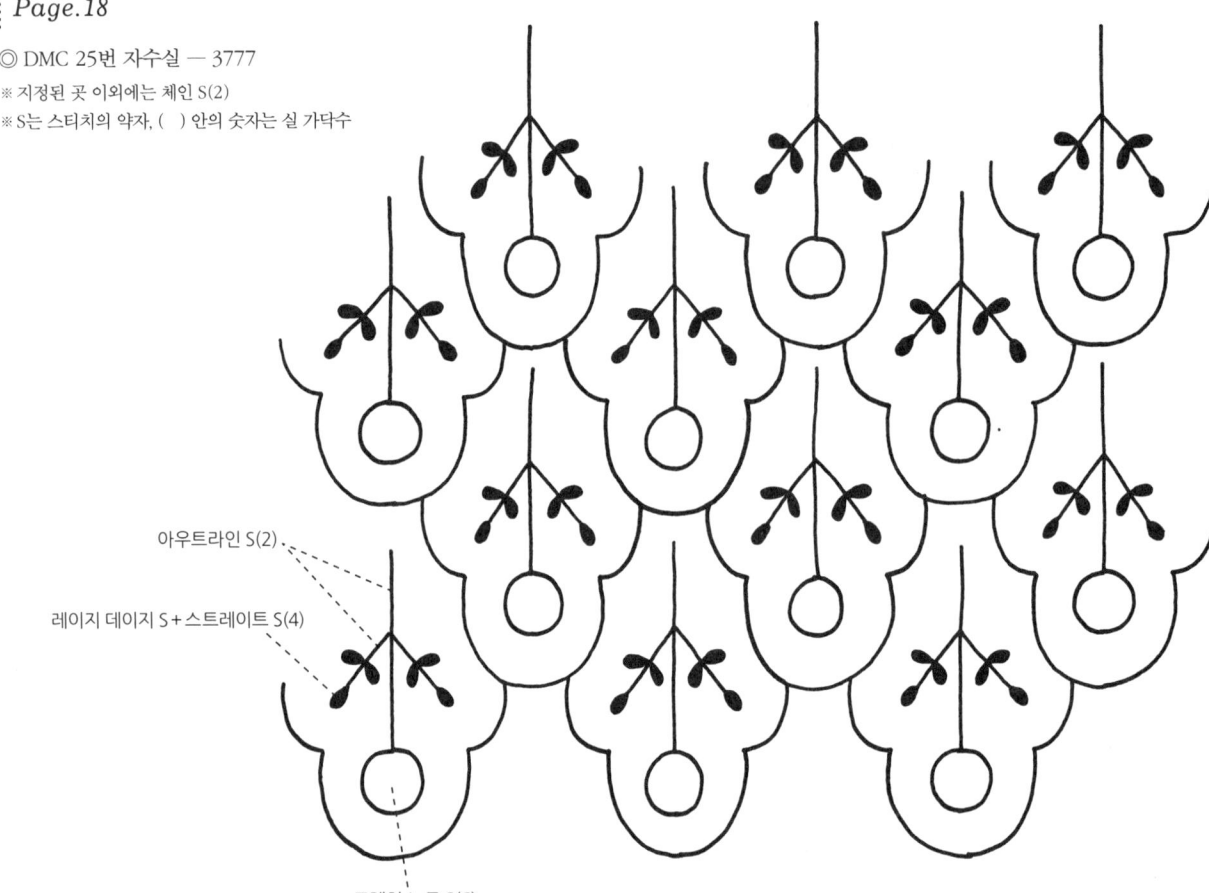

Flower bed
Page.20

※ 도안의 사선 부분은 새틴 S(6)로 수놓는다
※ 지정된 곳 이외에는 2가닥
※ S는 스티치의 약자, ( ) 안의 숫자는 실 가닥수, 색 번호는 모두 DMC 25번 자수실

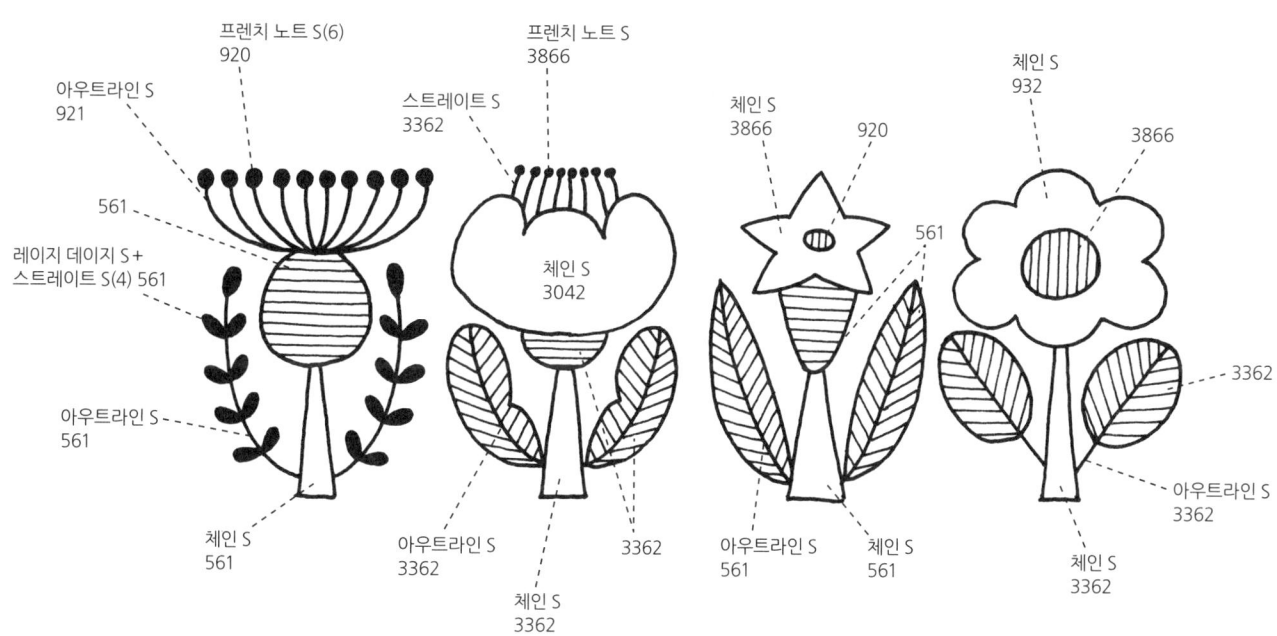

Lemon
Page.26

※ 지정된 곳 이외에는 2가닥
※ S는 스티치의 약자, ( ) 안의 숫자는 실 가닥수, 색 번호는 모두 DMC 25번 자수실

새틴 S(4) 505
아우트라인 S(4) 869
체인 S 834
체인 S 505
프렌치 노트 S 869

Cat
Page.28

※ 지정된 곳 이외에는 체인 S(2)
※ 지정된 곳 이외에는 2가닥
※ S는 스티치의 약자, ( ) 안의 숫자는 실 가닥수, 색 번호는 모두 DMC 25번 자수실

ecru
레이지 데이지 S + 스트레이트 S(4) 991
스트레이트 S 310
새틴 S 310
스트레이트 S 310
310
ecru
레이지 데이지 S + 스트레이트 S(4) 3760
869
3031
869
3031
ecru
3031
ecru

Beets
Page.27

※ 모두 2가닥
※ S는 스티치의 약자, 색 번호는 모두 DMC 25번 자수실

아우트라인 S 154
레이지 데이지 S 367
스트레이트 S 154
체인 S 3834

Boys and girls
Page.30

※ 지정된 곳 이외에는 새틴 S(4)
※ 팔은 스트레이트 S(4)로 수놓는다
※ S는 스티치의 약자, ( ) 안의 숫자는 실 가닥수, 색 번호는 모두 DMC 25번 자수실

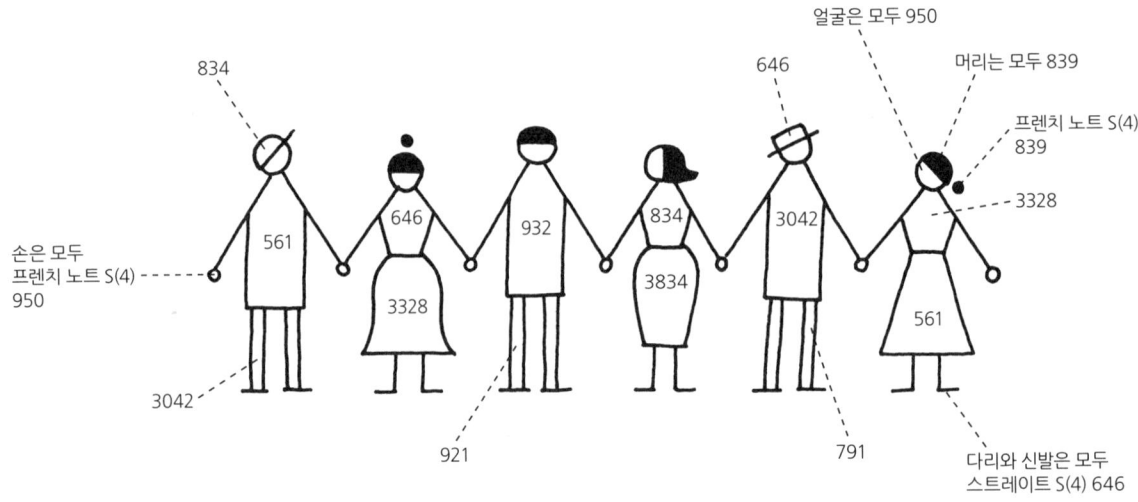

Spring steppe
Page.32

※ S는 스티치의 약자, ( ) 안의 숫자는 실 가닥수, 색 번호는 모두 DMC 25번 자수실

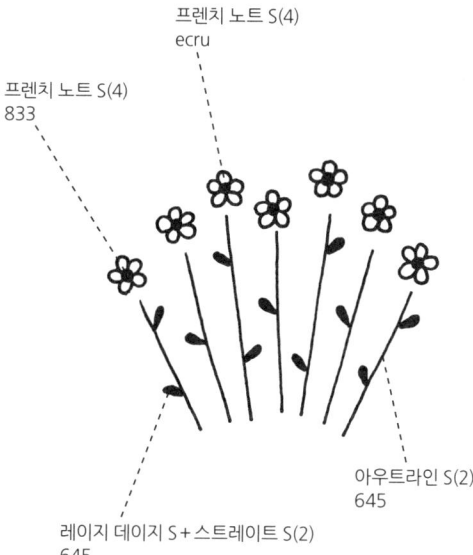

Flamingo
Page.34

※ 모두 2가닥
※ S는 스티치의 약자, 색 번호는 모두 DMC 25번 자수실

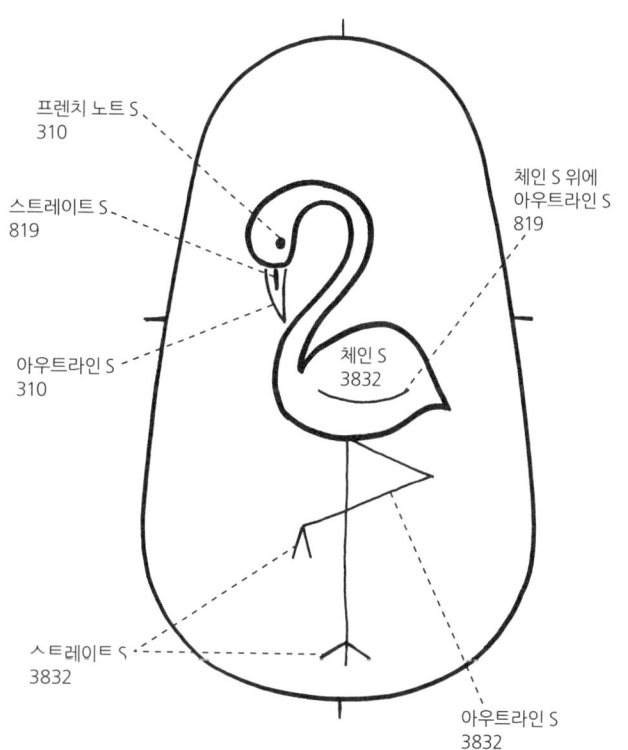

71

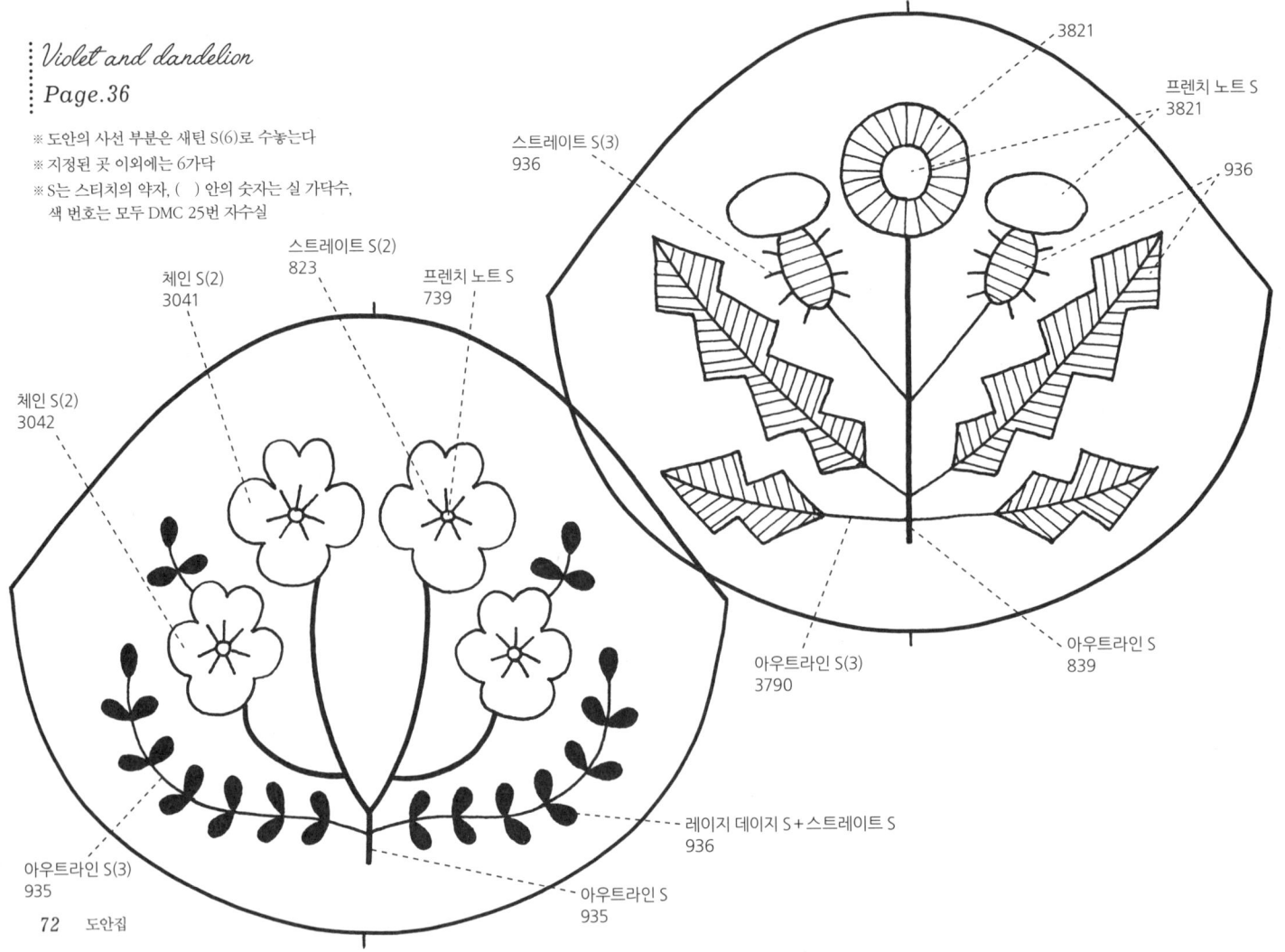

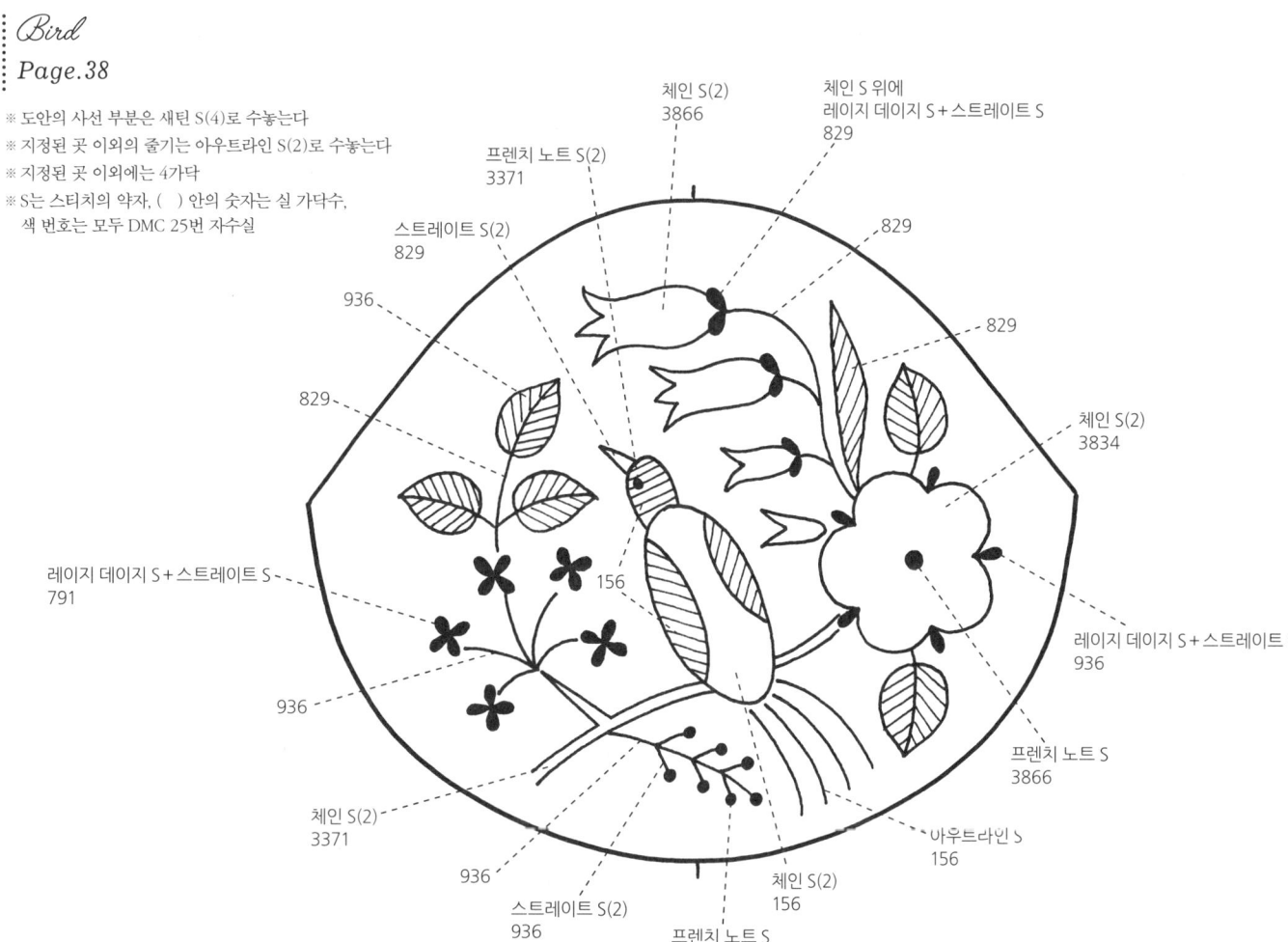

Satin flower
Page.42

※ 지정된 곳 이외에는 새틴 S(6)
※ S는 스티치의 약자, ( ) 안의 숫자는 실 가닥수, 색 번호는 모두 DMC 25번 자수실

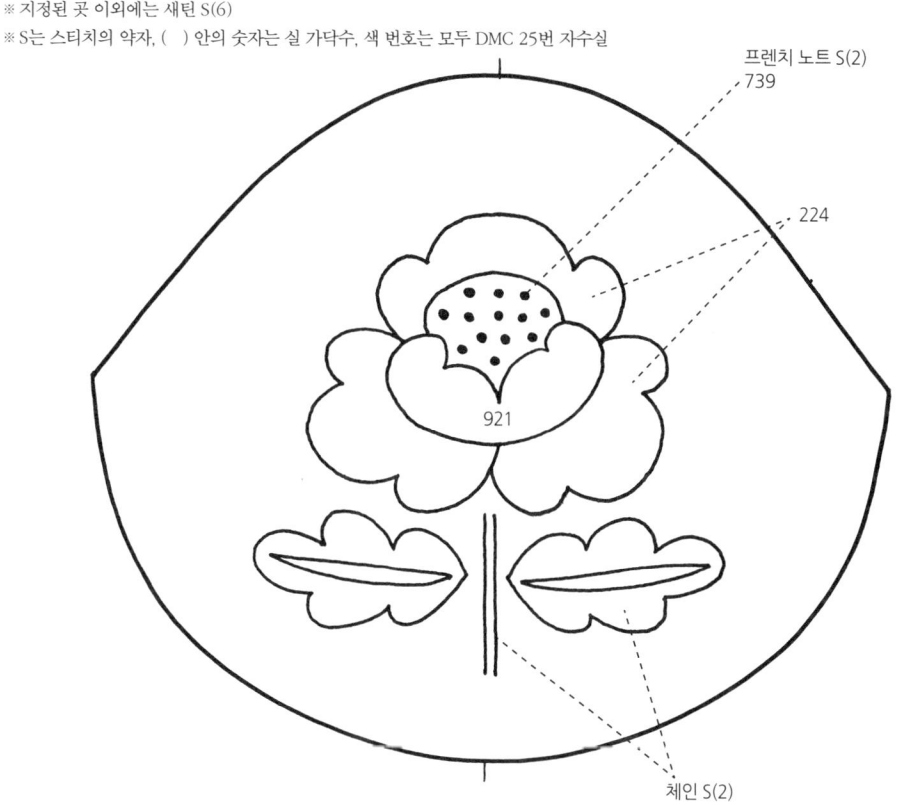

프렌치 노트 S(2)
739

224

921

체인 S(2)
561

Water flower
Page.44

◎ DMC 25번 자수실 — 3866

※ 도안의 사선 부분은 새틴 S(6)로 수놓는다
※ 지정된 곳 이외에는 아우트라인 S(3)
※ 지정된 곳 이외에는 3가닥
※ S는 스티치의 약자, ( ) 안의 숫자는 실 가닥수

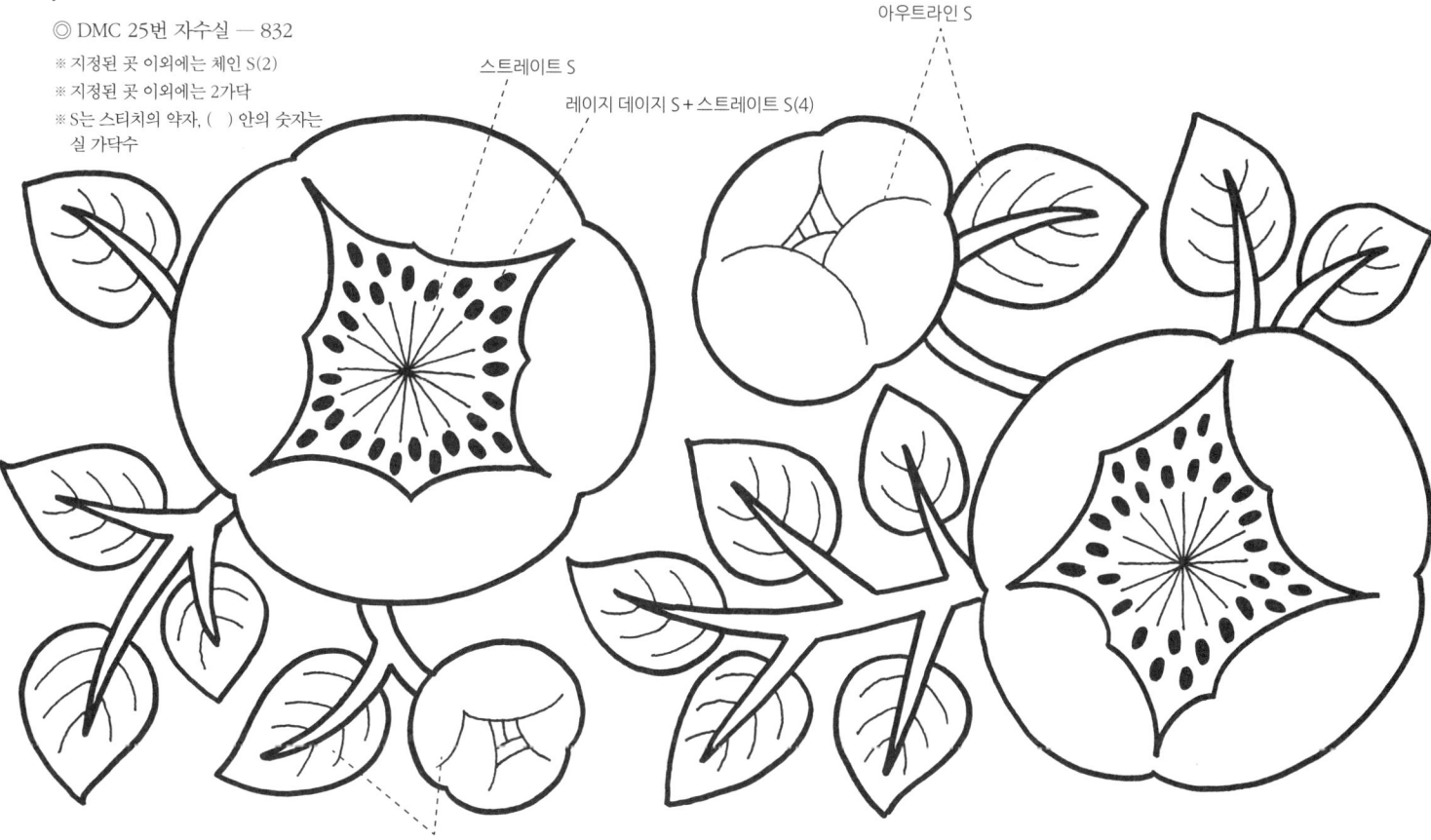

Frame bag No.1
드롭 미니 백

꽃 _ *Page.8* / 패턴   *Page.90*
새의 깃털 _ *Page.15* / 패턴   *Page.93*
플라밍고 _ *Page.35* / 패턴   *Page.71*

[완성 사이즈]

약 5×8cm

[재료]

「꽃」
겉감: 리넨 — 20×15cm
안감: 리넨(원사) — 20×15cm
DMC 25번 자수실 — P.62 도안 참조
프레임(F1 / 3.6cm 깊고 둥근형 / 골드) — 1개
태슬: A.F.E. 마 자수실 308(파란색), 301(물색), 415(검은색), 144(보라색), 540(레몬), 601(연핑크), 215(녹색) — 모두 1묶음
체인(지름 0.35mm / 골드) — 70cm
O링(0.5×2.3mm / 골드) — 1개

「새의 깃털」
겉감: 리넨(크림) — 20×15cm
안감: 리넨(베이지) — 20×15cm
DMC 25번 자수실 — P.64 도안 참조
프레임(F1 / 3.6cm 깊고 둥근형 / 황동에 금도금) — 1개
태슬: A.F.E. 마 자수실 902(베이지) — 1묶음
볼 체인(1.5mm 한쪽 연결 고리 달림 / 앤티크 골드) — 12cm

「플라밍고」
겉감: 리넨(연핑크) — 20×15cm
안감: 리넨(흰색) — 20×15cm
DMC 25번 자수실 — P.71 도안 참조
프레임(F1 / 3.6cm 깊고 둥근형 / 골드) — 1개
태슬: A.F.E. 마 자수실 415(검은색) — 1묶음

[만드는 법]

* 프레임 백 만드는 법은 P.56을 참조

1

겉감의 겉쪽에 가방 모양과 자수 도안을 베끼고, 베낀 가방 선 위를 시침실로 성기게 홈질해 표시한다. 도안대로 수를 놓는다.

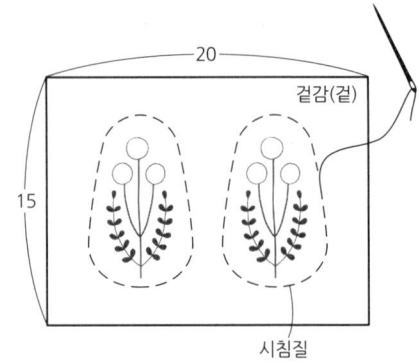

2

겉감에 살짝 물을 뿌려 초크를 지우고 다림질한다.

3

겉감과 안감을 겉끼리 맞대어 시침핀으로 고정하고, 1의 시침실 바로 안쪽을 박는다. 이때, 창구멍을 3cm 정도 남긴다.

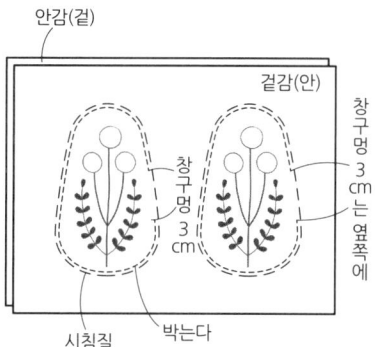

4

시침실을 빼고 시접을 0.5cm 남겨 본체 2장을 재단한다. 이어서 곡선 부분 시접에 가위집을 넣는다.

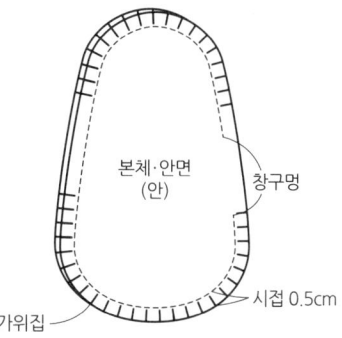

5

창구멍을 통해 각각 겉으로 뒤집어 다리미로 모양을 정돈한 다음, 창구멍을 감침질로 막는다.

6

본체 2장을 겉끼리 맞대어 시침핀으로 고정하고, 옆과 바닥을 겉감과 같은 색 실로 감침질한다. 이때, 겉감만 떠서 촘촘하게 꿰맨다 (P.57 순서 6).

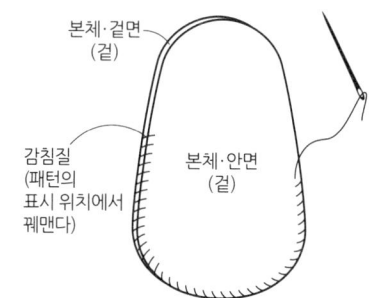

7

본체를 겉으로 뒤집어 모양을 정돈한 다음, 주머니 입구에 프레임을 단다.

8

태슬을 만들고(P.59), 체인과 함께 프레임에 단다. 체인은 프레임에 끼워서 O링으로 연결한다.

Frame bag No.2
스퀘어 미니 백

나비 _ Page.11 / 패턴 Page.92
봄의 초원 _ Page.33 / 패턴 Page.92

[완성 사이즈]

약 4×4cm

[재료]

「나비」
겉감: 리넨(네이비) — 15×10cm
안감: 리넨(원사) — 15×10cm
DMC 25번 자수실: 3866(흰색), 817(붉은색)
프레임(F16/4cm 모서리 둥근형/골드)
— 1개
중간 퀼트 핀(6cm/골드) — 1개
O링(1.4×8mm/골드) — 1개

「봄의 초원」
겉감: 리넨(그레이) — 15×10cm
안감: 리넨(노란색) — 15×10cm
DMC 25번 자수실: ecru(흰색), 833(노란색), 645(그레이)
프레임(F16/4cm 모서리 둥근형/니켈)
— 1개
볼 체인(1.5mm 한쪽 연결 고리 달림/로듐(은백색) 컬러) — 12cm

[만드는 법]

* 프레임 백 만드는 법은 P.56을 참조

1

겉감의 겉쪽에 가방 모양과 자수 도안을 베끼고, 베낀 가방 선 위를 시침실로 성기게 홈질해 표시한다. 도안대로 수를 놓는다.

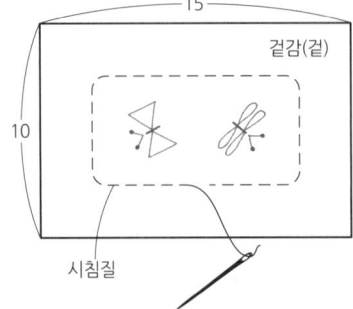

2

겉감에 살짝 물을 뿌려 초크를 지우고 다림질한다.

3

겉감과 안감을 겉끼리 맞대어 시침핀으로 고정하고, 1의 시침실 바로 안쪽을 박는다. 이때, 창구멍을 3cm 정도 남긴다.

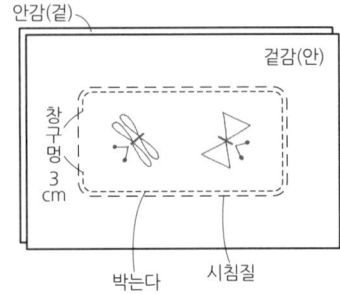

4

시침실을 빼고 시접을 0.5cm 남겨 본체를 재단한다. 이어서 모서리 곡선 부분 시접에 가위집을 넣는다(P.57 Point).

5

창구멍을 통해 겉으로 뒤집어 모양을 정돈한 다음 창구멍을 박는다.

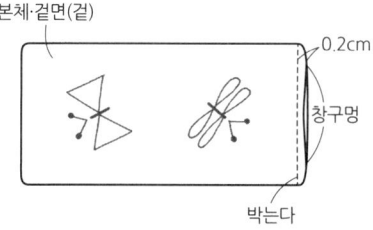

6

본체를 안끼리 맞닿게 반으로 접고 주머니 입구에 프레임을 단다.

7

퀼트 핀 또는 체인을 프레임에 단다. 퀼트 핀은 O링으로 본체에 연결한다.

Frame bag No.3
카드 케이스

고양이 _ *Page.29* / 패턴   *Page.94*
소년 소녀 _ *Page.31* / 패턴   *Page.95*

[완성 사이즈]

약 10.5×7cm

[재료]

「고양이」

겉감: 리넨(에메랄드 그린) — 15×25cm
안감: 리넨(그레이) — 15×25cm
DMC 25번 자수실: 646(그레이), 310(검은색), 782(노란색)
프레임(F22 / 10.5cm 모서리 둥근형 / 황동에 금도금) — 1개

「소년 소녀」

겉감: 리넨(그레이) — 15×25cm
안감: 리넨(핑크) — 15×25cm
DMC 25번 자수실 — P.70 도안 참조
프레임(F22 / 10.5cm 모서리 둥근형 / 블랙) — 1개

[만드는 법]

* 프레임 백 만드는 법은 P.56을 참조

1

겉감의 겉쪽에 가방 모양과 자수 도안을 베끼고, 베낀 가방 선 위를 시침실로 성기게 홈질해 표시한다. 도안대로 수를 놓는다.

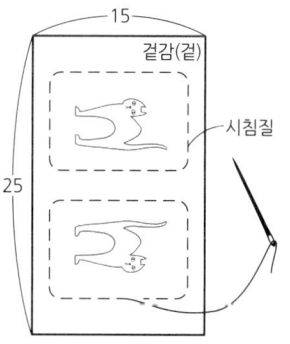

2
겉감에 살짝 물을 뿌려 초크를 지우고 다림질한다.

3
겉감과 안감을 겉끼리 맞대어 시침핀으로 고정하고, 1의 시침실 바로 안쪽을 박는다. 이때, 창구멍을 3cm 정도 남긴다.

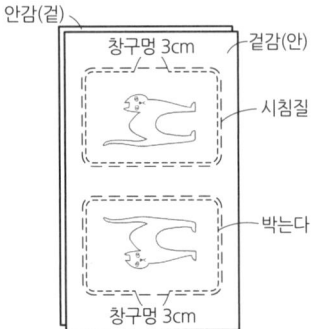

4
시침실을 빼고 시접을 0.5cm 남겨 본체를 2장 재단한다. 이어서 곡선 부분 시접에 가위집을 넣는다(P.57 *Point*).

5
창구멍을 통해 각각 겉으로 뒤집어 다리미로 모양을 정돈한 다음, 창구멍이 있는 위쪽을 끝에서 0.2cm 위치에서 박는다.

6
본체 2장을 겉끼리 맞대어 시침핀으로 고정하고, 옆과 바닥을 겉감과 같은 색 실로 감침질한다. 이때, 겉감만 떠서 촘촘하게 꿰맨다 (P.57 순서 6).

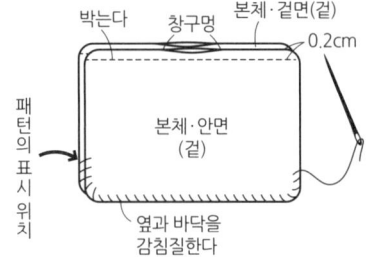

7
본체를 겉으로 뒤집어 모양을 정돈한 다음, 주머니 입구에 프레임을 단다.

Frame bag No.4

필통/클러치 백

꽃병 _ *Page.9* / 패턴 부록 A면
화단 _ *Page.21* / 패턴 부록 A면
꽃봉오리 _ *Page.47* / 패턴 부록 A면

[완성 사이즈]

필통 약 21×7cm

클러치 백 약 21×11cm

[재료]

「꽃병」

겉감: 리넨(진녹색) — 25×20cm

안감: 리넨(연보라색) — 25×20cm

DMC 25번 자수실: 3866(흰색)

프레임(F67/21cm 부채집/골드) — 1개

술 장식: 애플톤 울 실 294(녹색) — 1묶음

「화단」
겉감: 리넨(검은색) — 25×20cm
안감: 리넨(물색) — 25×20cm
DMC 25번 자수실 — P.67 도안 참조
프레임(F67／21cm 부채집／골드) — 1개
술 장식: 애플톤 울 실 993(검은색) — 1묶음

「꽃봉오리」
겉감: 리넨(노란색) — 25×30cm
안감: 리넨(그레이) — 25×30cm
DMC 25번 자수실: ecru(흰색) — 2묶음
프레임(F67／21cm 부채집／골드) — 1개
원하는 손잡이 또는 참(장식) — 1개

[만드는 법]

* 프레임 백 만드는 법은 'Frame bag No.3' P.81을 참조
* 술 장식 만드는 법은 P.60을 참조하고 마지막에 프레임에 묶는다

Frame bag No.5
라운드 파우치

제비꽃과 민들레 _ *Page.37* ／
패턴 *Page.72*
새 _ *Page.39* ／ 패턴 *Page.73*
새틴 플라워 _ *Page.43* ／
패턴 *Page.75*

[완성 사이즈]

약 9×9cm

[재료]

「제비꽃과 민들레」
겉감: 리넨(노란색 또는 보라색) — 15×25cm
안감: 리넨(보라색 또는 원사) — 15×25cm
DMC 25번 자수실 — P.72 도안 참조
프레임(F76／7.5cm 둥근형／골드) — 1개
태슬: A.F.E. 마 자수실 542(노란색) 또는 144(보라색) — 1묶음

「새」
겉감: 리넨(베이지) — 15×25cm
안감: 리넨(모스 그린) — 15×25cm
DMC 25번 자수실 — P.73 도안 참조
프레임(F76／7.5cm 둥근형／골드) — 1개
술 장식: 애플톤 울 실 986(갈색) — 1묶음

「새틴 플라워」
겉감: 리넨(붉은색) — 15×25cm
안감: 리넨(네이비) — 15×25cm
DMC 25번 자수실 — P.75 도안 참조
프레임(F76／7.5cm 둥근형／골드) — 1개
술 장식: 애플톤 울 실 722(붉은색) — 1묶음

[만드는 법]

* 프레임 백 만드는 법은 P.56을 참조

1
겉감의 겉쪽에 가방 모양과 자수 도안을 베끼고, 베낀 가방 선 위를 시침실로 성기게 홈질해 표시한다. 도안대로 수를 놓는다.

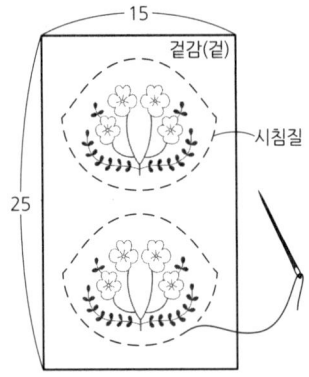

2
겉감에 살짝 물을 뿌려 초크를 지우고 다림질한다.

3
겉감과 안감을 겉끼리 맞대어 시침핀으로 고정하고, 1의 시침실 바로 안쪽을 박는다. 이때, 창구멍을 3cm 정도 남긴다.

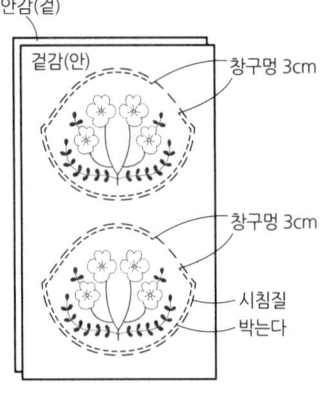

4
시침실을 빼고 시접을 0.5cm 남겨 본체를 2장 재단한다. 이어서 곡선 부분 시접에 가위집을 넣는다(P.57 Point).

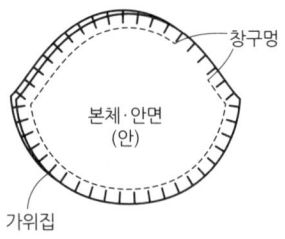

5
창구멍을 통해 각각 겉으로 뒤집어 다리미로 모양을 정돈한 다음, 창구멍이 있는 위쪽을 박는다. 이때, 양 끝 1.5cm는 남기고 박는다.

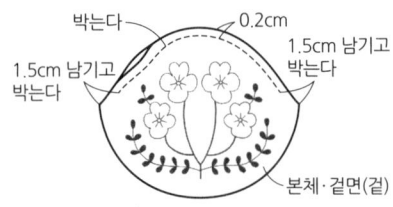

6

본체 2장을 겉끼리 맞대어 시침핀으로 고정하고, 옆과 바닥을 겉감과 같은 색 실로 감침질한다. 이때, 겉감만 떠서 촘촘하게 꿰맨다 (P.57 순서 6).

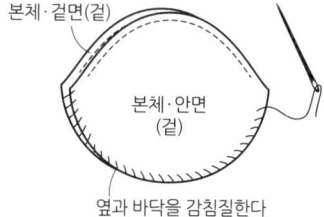

본체·겉면(겉)
본체·안면(겉)
옆과 바닥을 감침질한다

7

본체를 겉으로 뒤집어 모양을 정돈한 다음, 주머니 입구에 프레임을 단다.

8

태슬 또는 술 장식을 만들고(P.59-60), 프레임에 단다.

Frame bag No.6

오벌 파우치

나비 _ *Page.10* / 패턴 부록 A면
레몬 _ *Page.26* / 패턴 부록 A면
비트 _ *Page.27* / 패턴 부록 A면
플라밍고 _ *Page.35* / 패턴 부록 A면

[완성 사이즈]
약 16×10cm

[재료]
「나비」
겉감: 리넨(그레이) — 25×30cm
안감: 리넨(붉은색) — 25×30cm
DMC 25번 자수실: 823(네이비), 817(붉은색), 3866(흰색)
프레임(F204 / 13.2cm 빗 모양 / 홈이 파인 골드) — 1개

「레몬」
겉감: 리넨(파란색) — 25×30cm
안감: 리넨(녹색) — 25×30cm
DMC 25번 자수실 — P.69 도안 참조
프레임(F204 / 13.2cm 빗 모양 / 홈이 파인 골드) — 1개

「비트」
겉감: 리넨(민트) — 25×30cm
안감: 리넨(모스 그린) — 25×30cm
DMC 25번 자수실 — P.69 도안 참조
프레임(F204 / 13.2cm 빗 모양 / 홈이 파인 골드) — 1개

「플라밍고」
겉감: 리넨(연핑크) — 25×30cm
안감: 리넨(흰색) — 25×30cm
DMC 25번 자수실 — P.71 도안 참조
프레임(F204 / 13.2cm 빗 모양 / 홈이 파인 골드) — 1개

[만드는 법]
* 프레임 백 만드는 법은 '*Frame bag No.5*' P.83을 참조
* 순서 3의 창구멍은 위쪽 중앙에 4cm 정도 남긴다

Frame bag No.7
바닥면 있는 파우치

새의 깃털 _ *Page.14* / 패턴 부록 A면
나비와 꽃 패턴 _ *Page.23* / 패턴 부록 B면
물꽃 _ *Page.45* / 패턴 부록 B면

[완성 사이즈]

약 20×10cm

[재료]

「새의 깃털」
겉감: 리넨(다크 베이지) — 30×30cm
안감: 리넨(원사) — 30×30cm
DMC 25번 자수실 — P.64 도안 참조
프레임(F25/18cm 모서리 둥근형/황동에 금도금) — 1개

「나비와 꽃 패턴」
겉감: 리넨(원사) — 30×30cm
안감: 리넨(진녹색) — 30×30cm
DMC 25번 자수실: 319(녹색) — 3묶음, 832(노란색)
프레임(F25/18cm 모서리 둥근형/황동에 금도금) — 1개

「물꽃」
겉감: 리넨(흰색) — 30×30cm
안감: 리넨(물색) — 30×30cm
DMC 25번 자수실: 931(물색) — 4묶음
프레임(F25/18cm 모서리 둥근형/황동에 금도금) — 1개

[만드는 법]

* 프레임 백 만드는 법은 P.56을 참조

Frame bag No.8
스퀘어 백／포셰트

해피 홀리데이 _ *Page.25* / 패턴 부록 B면
봄의 초원 _ *Page.33* / 패턴 부록 B면
동백나무 _ *Page.41* / 패턴 부록 B면

[완성 사이즈]

약 15×15cm

[재료]

「해피 홀리데이」
겉감: 리넨(물색) — 25×40cm
안감: 리넨(블루 그레이) — 25×40cm
DMC 25번 자수실 — P.68 도안 참조
프레임(F29/15cm O링 달린 모서리 둥근형/골드) — 1개
태슬: A.F.E. 마 자수실 301(물색) — 1묶음
원하는 손잡이 또는 참 — 1개

「봄의 초원」

겉감: 리넨(그레이) — 25×40cm

안감: 리넨(짙은 그레이) — 25×40cm

DMC 25번 자수실: ecru(흰색), 833(노란색), 645(그레이)

프레임(F29／15cm O링 달린 모서리 둥근형／니켈) — 1개

태슬: A.F.E. 마 자수실 402(그레이) — 1묶음

원하는 손잡이 또는 참 — 1개

「동백나무」

겉감: 리넨(적갈색) — 25×40cm

안감: 리넨(네이비) — 25×40cm

DMC 25번 자수실: 939(네이비) — 2묶음

프레임(F29／15cm O링 달린 모서리 둥근형／골드) — 1개

체인(K112／각진 타원형의 양쪽 랍스터 고리 달린 체인／골드) — 120cm

* 태슬은 참고 작품(리넨을 풀어서 제작)

[만드는 법]

* 프레임 백 만드는 법은 P.56을 참조

1

겉감의 겉쪽에 가방 모양과 자수 도안을 베끼고, 베낀 가방 선 위를 시침실로 성기게 홈질해 표시한다. 도안대로 수를 놓는다.

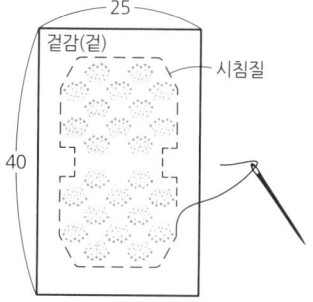

2

겉감에 살짝 물을 뿌려 초크를 지우고 다림질한다.

3

겉감과 안감을 겉끼리 맞대어 시침핀으로 고정하고, 1의 시침실 바로 안쪽을 바는다. 이때, 위쪽에 창구멍을 5cm 정도 남긴다.

4

시침실을 빼고 시접을 0.5cm 남겨 본체를 재단한다. 이어서 곡선 부분과 바닥면 부분 모서리 시접에 가위집을 넣는다(P.57 Point).

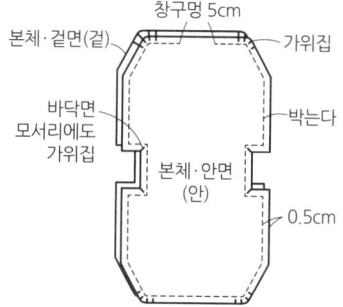

5

창구멍을 통해 겉으로 뒤집어 다리미로 모양을 정돈한다. 모서리는 시접을 접으면서 뒤집고 바늘 끝으로 모서리 모양을 정확하게 만든다.

6

본체의 창구멍이 있는 위쪽을 끝에서 0.2cm 위치에서 박는다. 반대편 위쪽도 같은 방법으로 박는다.

7
본체를 겉끼리 맞닿게 반으로 접어 시침핀으로 고정하고, 옆을 겉감과 같은 색 실로 감침질한다. 이때, 겉감만 떠서 촘촘하게 꿰맨다 (P.57 순서 6).

8
옆을 펴서 벌리고 바닥의 끝과 겹친 다음 바닥면 부분을 감침질한다(P.57 순서 7).

9
본체를 겉으로 뒤집어 모양을 정돈한 다음, 주머니 입구에 프레임을 단다.

10
태슬을 만들고(P.59), 프레임에 단다. 원하는 손잡이 또는 롱 체인을 프레임에 단다. '봄의 초원'은 'Frame bag No.2 / 스퀘어 미니 백' (P.80)도 단다.

Frame bag No.9
큰 핸드백

보태니컬 플라워 _ *Page.17* /
패턴 부록 B면
꽃 비늘무늬 _ *Page.19* /
패턴 부록 B면

[완성 사이즈]

약 25×11cm

[재료]

「보태니컬 플라워」
겉감: 리넨(그레이) — 35×35cm
안감: 리넨(짙은 그레이) — 35×35cm
DMC 25번 자수실 — P.65 도안 참조(319만 2묶음)
프레임(F73 / 20.4cm O링 달린 빗 모양 / 골드) — 1개
태슬: 애플톤 울 실 921(그레이) — 1묶음
체인(K111 / 각진 타원형의 양쪽 랍스터 고리 달린 체인 / 골드) — 38cm

「꽃 비늘무늬」
겉감: 리넨(붉은색) — 35×35cm
안감: 리넨(베이지) — 35×35cm
DMC 25번 자수실: 739(크림) — 5묶음
프레임(F73 / 20.4cm O링 달린 빗 모양 / 골드) — 1개
태슬: 애플톤 울 실 723(붉은색) — 1묶음
체인(K111 / 각진 타원형의 양쪽 랍스터 고리 달린 체인 / 골드) — 38cm

[만드는 법]

＊프레임 백 만드는 법은 P.56을 참조

1
겉감의 겉쪽에 가방 모양과 자수 도안을 베끼고, 베낀 가방 선 위를 시침실로 성기게 홈질해 표시한다. 도안대로 수를 놓는다.

2
겉감에 살짝 물을 뿌려 초크를 지우고 다림질 한다.

3
겉감과 안감을 겉끼리 맞대어 시침핀으로 고정하고, 1의 시침실 바로 안쪽을 박는다. 이때, 위쪽 중앙에 창구멍을 5cm 정도 남긴다.

4
시침실을 빼고 시접을 0.5cm 남겨 본체를 재단한다. 이어서 곡선 부분과 바닥면 부분 모서리 시접에 가위집을 넣는다(P.57 Point).

5
창구멍을 통해 겉으로 뒤집어 다리미로 모양을 정돈한다. 모서리는 시접을 접으면서 뒤집고 바늘 끝으로 모서리 모양을 정확하게 만든다.

6
본체의 창구멍이 있는 위쪽을 양 끝 3cm 정도 남기고 끝에서 0.2cm 위치에서 박는다. 반대편 위쪽도 같은 방법으로 박는다.

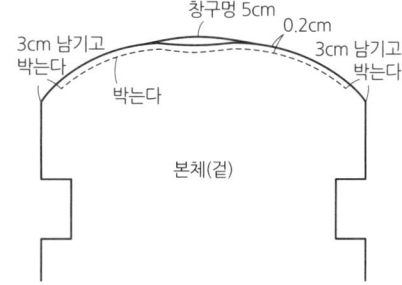

7
본체를 겉끼리 맞닿게 반으로 접어 시침핀으로 고정하고, 옆을 겉감과 같은 색 실로 감침질한다. 이때, 겉감만 떠서 촘촘하게 꿰맨다(P.57 순서 6).

8
옆을 펴서 벌리고 바닥의 끝과 겹친 다음 바닥면 부분을 감침질한다(P.57 순서 7).

9
본체를 겉으로 뒤집어 모양을 정돈한 다음 주머니 입구에 프레임을 단다.

10
태슬은 애플톤 울 실을 90회 감아서 만들고 (P.59), 프레임에 단다. 체인을 프레임에 단다.

〈 실물 크기 패턴 〉

꽃
Page.8
Frame bag No.1
Page.78

◎ 수놓는 법은 P.62

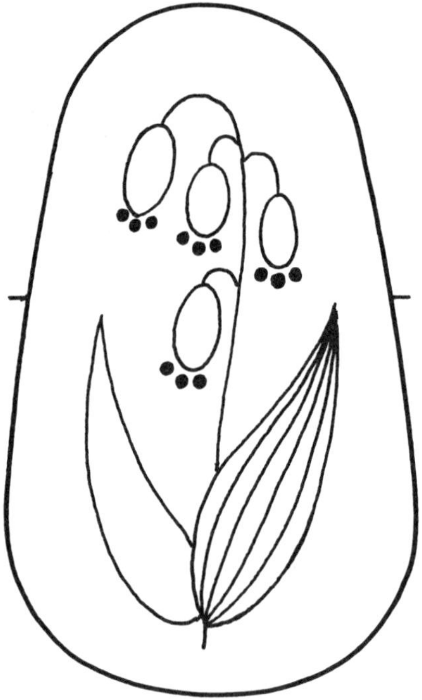

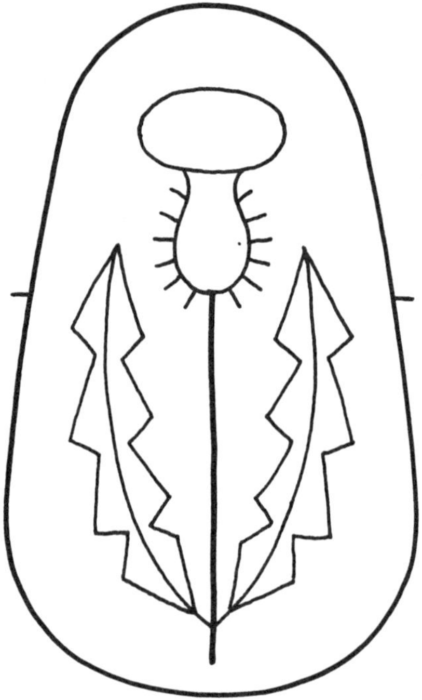

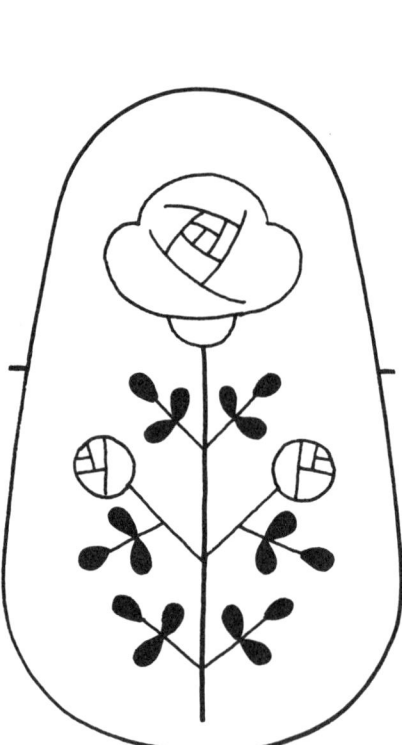

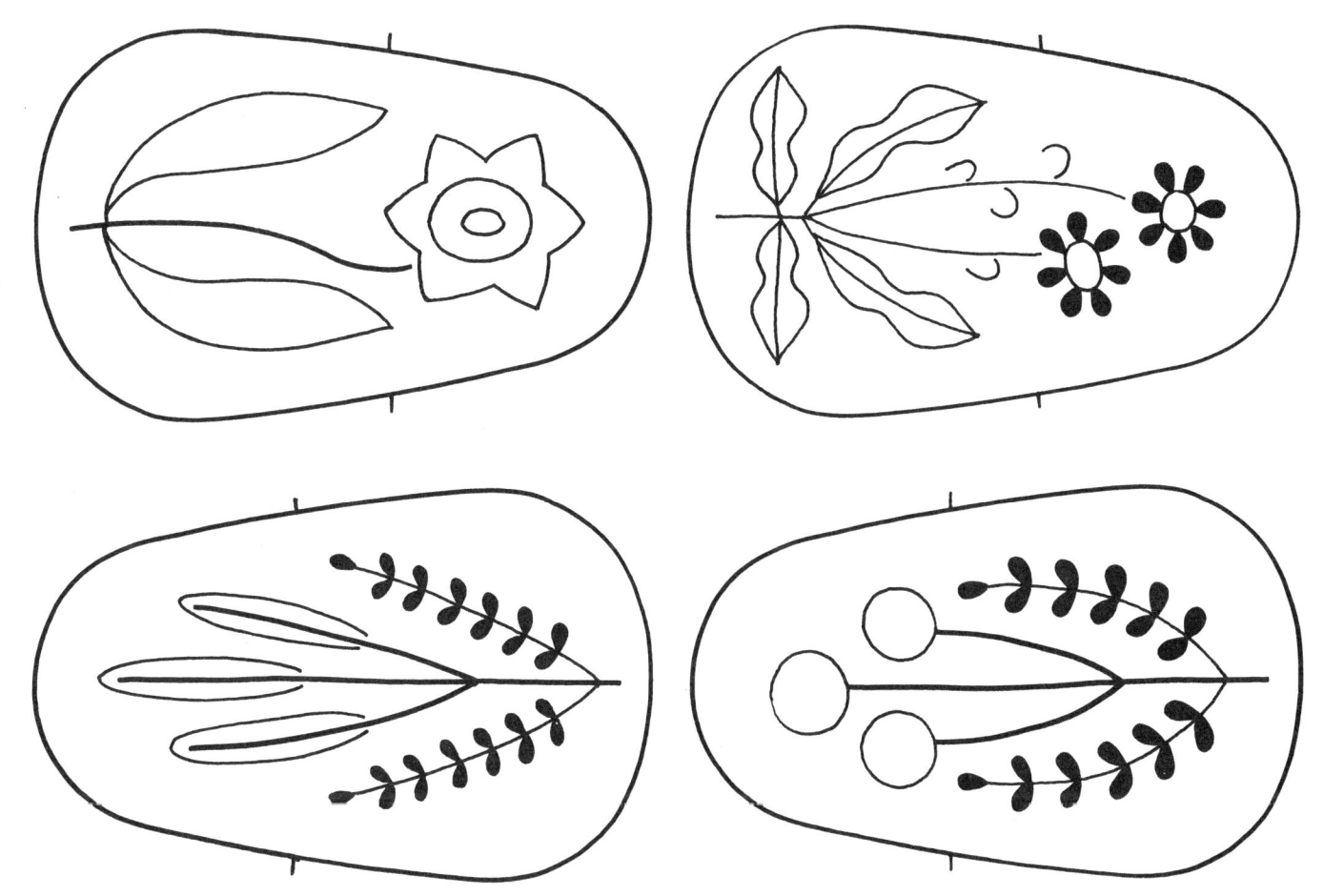

91

나비

Page.11
Frame bag No.2
Page.80

◎ 수놓는 법은 P.61

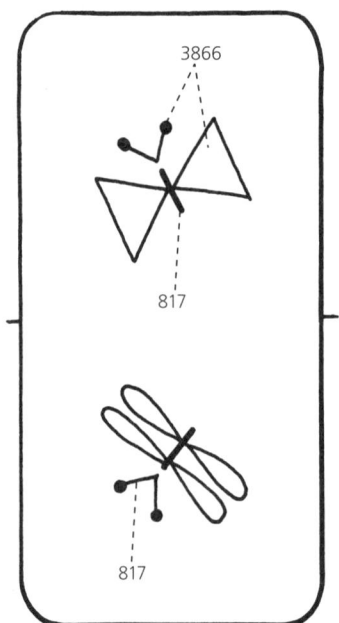

봄의 초원

Page.33
Frame bag No.2
Page.80

◎ 수놓는 법은 P.71

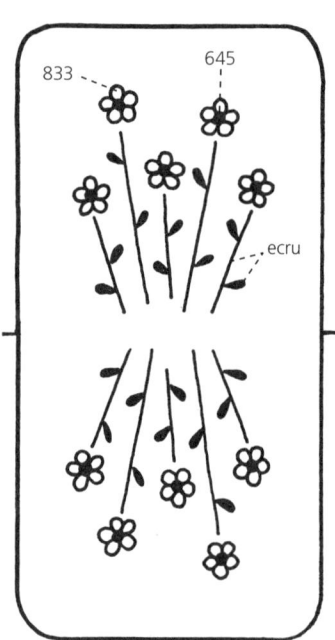

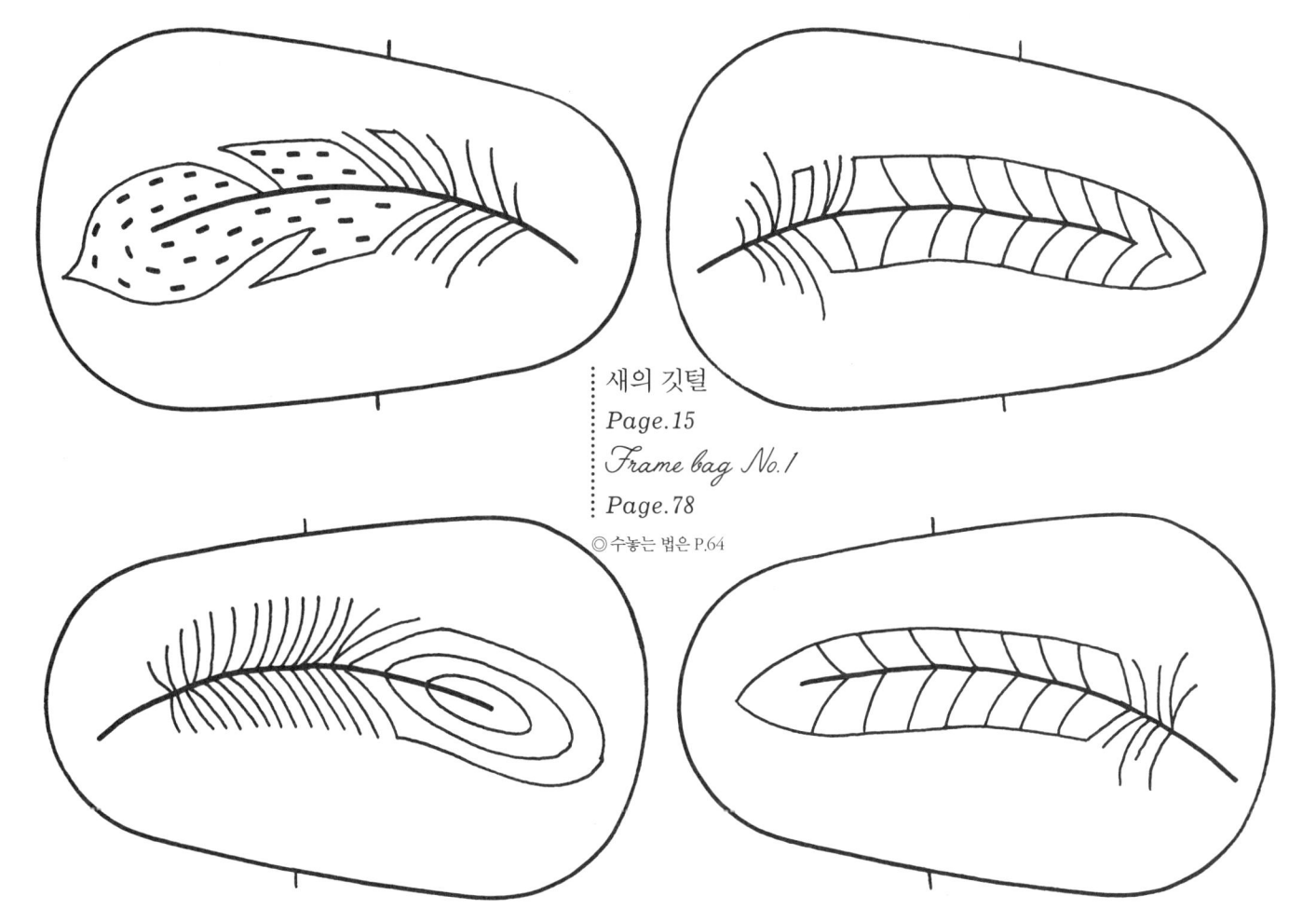

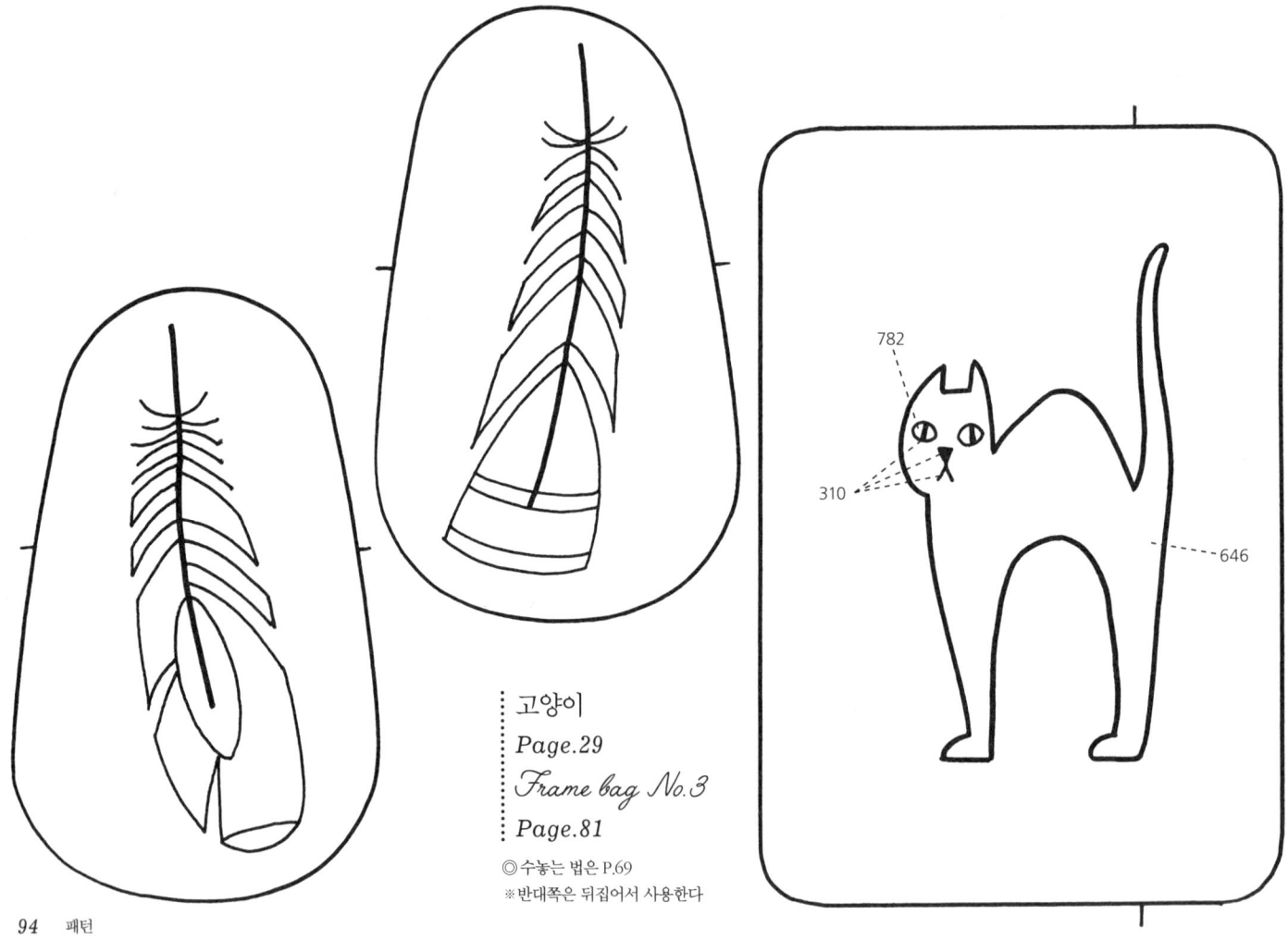

소년 소녀
Page.31
Frame bag No.3
Page.81

◎ 수놓는 법은 P.70

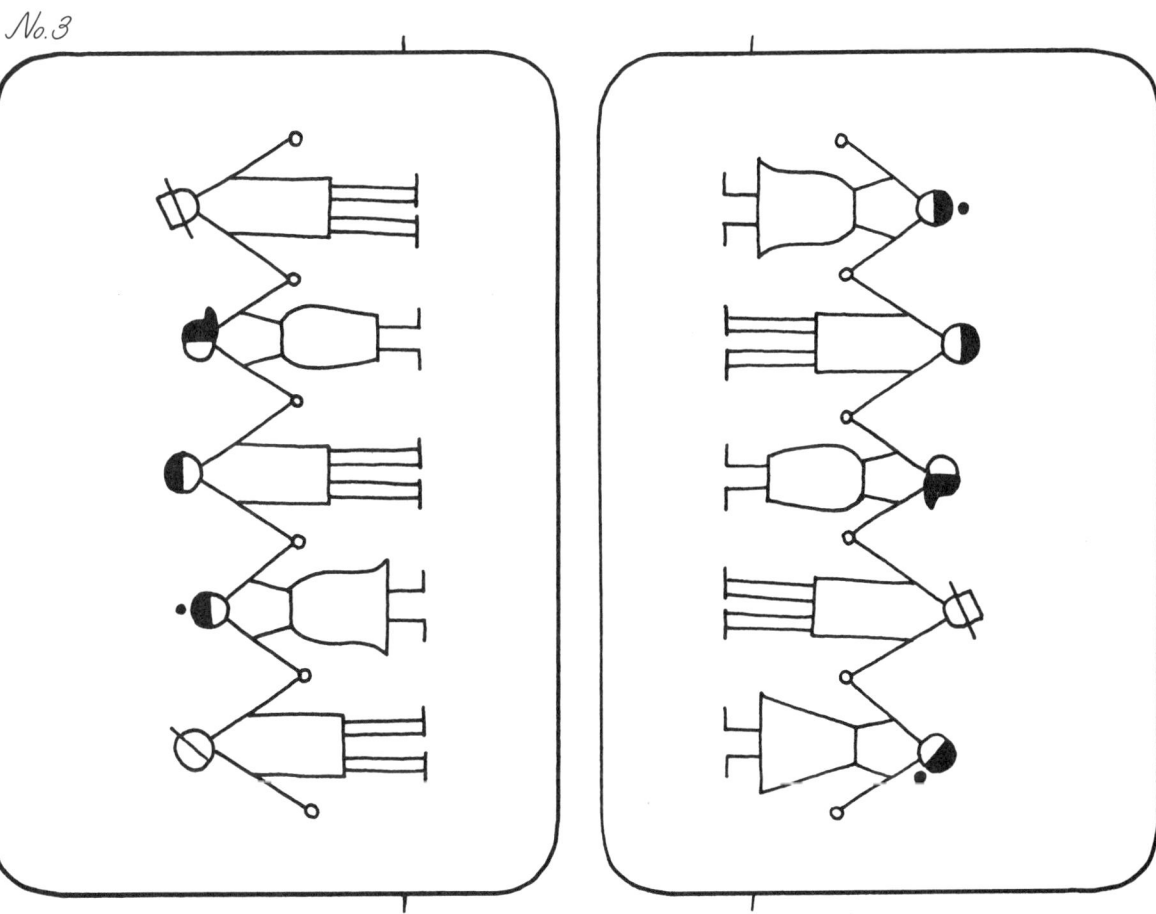

Shishû to Gamaguchi
Copyright ⓒ 2017 by Yumiko Higuchi
First published in Japan in 2017 by EDUCATIONAL FOUNDATION BUNKA GAKUEN BUNKA PUBLISHING BUREAU, Tokyo
Korean translation rights arranged with EDUCATIONAL FOUNDATION BUNKA GAKUEN BUNKA PUBLISHING BUREAU
through Japan Foreign-Rights Centre/ Shinwon Agency Co.

이 책의 한국어 판 저작권은 신원에이전시를 통한
EDUCATIONAL FOUNDATION BUNKA GAKUEN BUNKA PUBLISHING BUREAU와의 독점 계약으로 도서출판 이아소에 있습니다.
저작권법에 의해 한국 내에서 보호받는 저작물이므로 무단 전재와 무단 복제를 금합니다.

북 디자인 Kana Tsukada(ME&MIRACO)
촬영 Masaco
스타일링 Kaori Maeda
헤어 & 메이크업 Yuka Takamatsu
모델 Claire Bogen(Sugar&Spice)
트레이스 & DTP WADE
교열 Masako Mukai
편집 Mariko Tsuchiya(Three Season)
　　 Tomoko Nishimori(BUNKA PUBLISHING BUREAU)
일본어 판 발행인 Sunao Onuma

자수와 손가방

초판 1쇄 발행 2017년 10월 20일
초판 3쇄 발행 2019년 11월 11일

지은이 히구치 유미코
옮긴이 황선영
감　수 문수연
펴낸이 명혜정
펴낸곳 도서출판 이아소
디자인 황경성

등록번호 제311-2004-00014호
등록일자 2004년 4월 22일
주소 04002 서울시 마포구 월드컵북로5나길 18 1012호
전화 (02)337-0446　**팩스** (02)337-0402

책값은 뒤표지에 있습니다.
ISBN 979-11-87113-18-8　13590

도서출판 이아소는 독자 여러분의 의견을 소중하게 생각합니다.
E-mail : iasobook@gmail.com

이 도서의 국립중앙도서관 출판예정도서목록(CIP)은 서지정보유통지원시스템 홈페이지
(seoji.nl.go.kr)와 국가자료공동목록시스템(nl.go.kr/kolisnet)에서
이용하실 수 있습니다. (CIP제어번호 : CIP2017025160)